现代博物馆管理与文化传播研究

龚 煜　刘明星　方润泽◎著

中国书籍出版社
China Book Press

图书在版编目（CIP）数据

现代博物馆管理与文化传播研究 / 龚煜，刘明星，方润泽著 . -- 北京：中国书籍出版社，2023.12
ISBN 978-7-5068-9731-0

Ⅰ.①现… Ⅱ.①龚… ②刘… ③方… Ⅲ.①博物馆 - 历史文物 - 管理 - 研究 - 中国②博物馆事业 - 文化传播 - 研究 - 中国 Ⅳ.①G261②G269.23

中国国家版本馆 CIP 数据核字（2023）第 234806 号

现代博物馆管理与文化传播研究
龚　煜　刘明星　方润泽　著

图书策划	邹　浩
责任编辑	尹　浩
责任印制	孙马飞　马　芝
封面设计	博健文化
出版发行	中国书籍出版社
地　　址	北京市丰台区三路居路 97 号（邮编：100073）
电　　话	（010）52257143（总编室）　（010）52257140（发行部）
电子邮箱	eo@chinabp.com.cn
经　　销	全国新华书店
印　　厂	北京四海锦诚印刷技术有限公司
开　　本	710 毫米 ×1000 毫米　1/16
印　　张	10.5
字　　数	220 千字
版　　次	2024 年 4 月第 1 版
印　　次	2024 年 4 月第 1 次印刷
书　　号	ISBN 978-7-5068-9731-0
定　　价	68.00 元

版权所有　翻印必究

前　言

　　博物馆体现了一个城市的精神文化厚度，是人类文明进步的重要标志。现代意义上的博物馆是集收藏、保护、研究、展示自然环境和人类活动于一身，并向社会公众提供知识和教育的公益性社会服务机构，同时也是一个国家和民族的物质与精神文化遗产宝库。不同主题的博物馆保存和展示着不同时代的文明、技术以及自然现象。当一种文明、一种技术、一种生命、一种自然现象随着时间的流逝而成为过去，当人们站在全新的角度去探究它们的时候，一些原本不为人所知的价值就会显露出来，启迪着人们新的思维。正因为如此，博物馆的建设需要融入更深的科学内涵和人文意义，它担负着启迪思想、传承文明的重任，总能让人联想到美好的生活品质而心向往之。

　　作为一个为社会发展服务的公益性、公共性文化机构，博物馆以其特有的传播方式直接服务社会、服务公众，以此承担起社会教育的职责。如何使这种特殊的文化教育资源优势通过特殊的服务方式实现社会效益的最大化，从公共文化资源科学管理的角度和文化教育传播价值的角度看，这是一个很专业的问题，需要专向、专业的研究。但是，由于长时间以来博物馆管理体制上的泛行政化、事业化状态，无论是在观念形态上还是在实际操作层面，都很少有人关注和系统研究明显区别于其他文化机构的、属于博物馆自身的制度管理、质量管理等问题。在市场经济的社会格局中，质量就是生命早已成为社会共识，不同的行业、产业、企业甚至包括事业部门，都必须为自身生命力、竞争力的提升创造出相应的全面质量管理制度与管理方式。

　　本书是博物馆管理方向的书籍，主要研究现代博物馆管理工作与文化传播。本书首先介绍了博物馆基本理论与文化传达、博物馆管理工作的优化，然后研究了博物馆陈设设计与社会形象树立，并基于当代信息化社会研究了数字博物馆的相关理论与资源管理，接着转入了博物馆文化传播与宣讲体系的探讨，最后基于博物馆教育项目的策划与管理、文化创意产品开发与营销推广探究了博物馆的文化教育与传播功能。

　　在新时期文旅融合的大背景下，做好博物馆工作，发展博物馆文化，依托博物馆自身资源与文化价值，坚持以人为本的原则，探究博物馆发展的新路径，满足人民群众日益增长的多元化的精神文化需求，是时代赋予我们的神圣使命，也是本书的希冀所在。

目 录

01/ 第一章 博物馆基本理论与文化传达 1
第一节 博物馆的类型分析与媒介属性 1
第二节 博物馆展示与参观者需求 4
第三节 博物馆文化信息传达的效能分析 9

02/ 第二章 博物馆管理工作的优化 13
第一节 博物馆科学化管理与发展方向 13
第二节 博物馆全面质量管理的必要性和紧迫性 21
第三节 博物馆全面质量管理与动态管理 31

03/ 第三章 博物馆陈设设计与形象树立 41
第一节 博物馆陈设艺术设计 41
第二节 博物馆陈设展览的导向 48
第三节 博物馆陈设展览社会形象的改善 56

04/ 第四章 数字博物馆与资源管理 63
第一节 数字博物馆理论与重要性 63
第二节 博物馆数字资源的分布式管理系统 71
第三节 数字博物馆资源的采集与管理 83

05/ 第五章　博物馆文化传播与宣讲体系 ……………………… 91

第一节　博物馆文化传播的内容构成 …………………………… 91
第二节　博物馆的宣教讲解技巧与团队建设 …………………… 96
第三节　基于社会需求的宣教讲解工作及其创新 …………… 105

06/ 第六章　博物馆教育项目的策划与管理 ………………… 116

第一节　博物馆教育部门的使命与职责 ……………………… 116
第二节　博物馆教育工作者的构成与职责 …………………… 120
第三节　博物馆教育项目的策划管理模式 …………………… 125
第四节　基于不同形式的博物馆教育项目策划与实施 ……… 129

07/ 第七章　博物馆文化创意产品开发与营销推广 ………… 139

第一节　博物馆文化创意产品的界定与价值构成 …………… 139
第二节　博物馆文化创意产品的基本开发模式 ……………… 145
第三节　博物馆文化创意产品的设计方法 …………………… 149
第四节　博物馆文化创意产品营销策略 ……………………… 153

参考文献 ………………………………………………………… 161

第一章 博物馆基本理论与文化传达

第一节 博物馆的类型分析与媒介属性

一、博物馆的类型分析

开展博物馆的类型研究，有助于探讨在博物馆发展过程中，描绘出博物馆全行业发展的图景，对博物馆存在的状态进行概念化，进而讨论博物馆的存在机制和机理。西方较早对博物馆类型进行研究的学者是美国人爱德华·亚历山大（Edward P. Alexander），他出版了《博物馆变迁：博物馆历史与功能读本》，将博物馆分为艺术博物馆、自然史与人类学博物馆、科学技术博物馆、历史博物馆、植物园和动物园、儿童博物馆六个基本类型。其中，他将植物园和动物园列入了博物馆的范畴，若依据博物馆最新的定义，博物馆展品应该是与人类生活紧密相关且能反映人类历史文明痕迹的展品，从这个意义上看，动物园和植物园则区别于一般意义上的博物馆。而现代博物馆的分类常从内容特性的角度分为历史类博物馆、艺术类博物馆、自然类博物馆及科技类博物馆。

历史类博物馆主要从历史的维度研究并呈现人类发展的历程，目的是让公众了解人类历史文化的发展与演进，让人在历史语境中明确当下自身的位置，体验社会文化发展的力量。历史类博物馆主要依靠藏品讲述人类在历史、物质文化、人类学方面的史实。

艺术类博物馆的收藏品在广义上是指那些在改造自然的过程中，带有修饰与装饰成分的人工制品。藏品收藏的标准是看其是否在艺术史上占有一席之地。作为具有先锋意识的艺术作品代表的是特定时代的先锋思想，观众通过参观艺术博物馆，能够与艺术作品所代表的先锋思想进行交流。

自然类博物馆是以自然科学为依托，对大自然中的各类自然现象与人类环境演化进行呈现。自然类博物馆诞生于现代社会初期，是为了满足人们认识自然的好奇心，用科学解读自然现象，重新构建人与自然关系的诉求。在英国，自然类博物馆又被称为"百科全书"博物馆，以说明自然界是自在自为的，不是由神创造的；在美国，自然类博物馆被用来赞颂北美地区的丰富自然资源和瑰丽山河，以加强移民对美洲土地的热爱、依恋。自然类博物馆的收藏要尽可能地反映自然世界的丰富多彩和演进变化，支持人们对各种自然物和自然现象的观察与研究。

科技类博物馆主要聚焦在现代科学技术的研究与应用方面，方面呈现人类用科学知识和技术设备改造自然的能力。科技类博物馆的收藏以人类科技发展的重大发明创造为主要展示对象，关注特定技术门类的发展历程。鉴于科学研究在观察、实验、迭代优化方面的特点，科技类博物馆的展示会更多使用实物运作的演示方法，鼓励观众亲自参与，让观众在演示中了解技术原理，在参与中观察科学现象并加深对科学知识的理解。

时至今日，博物馆的类型已经呈现出百花齐放的局面，除了公立综合型博物馆外，各种行业专题类博物馆几乎数不胜数，甚至一个单独的产品也可以深挖其背后的文化内容，通过良好的策划与设计形成一个主题鲜明的博物馆。

本书从博物馆文化信息传达有效性的视角思考博物馆的相关问题，主要将博物馆的范围限定在了反映社会历史文化发展的范围内，而研究的切入点聚焦在展品的呈现方式即展示形式上。原因在于，展示形式是引起参观者注意力的第一要素，只有吸引观众的注意力才有可能影响观众进一步对内容的深入参观，而参观行为本身则是发生文化信息传递的基本前提。纵观以上各类博物馆，其在展示形式上已经处于一种高度融合的状态，任何一种类型的博物馆都有多种展示形式，但在内容的驱动下，不同博物馆仍然能够在形式上呈现出一种总体的倾向性。因此，本书将现有的历史博物馆从内容和规模角度进行了如下归类，便于后续进一步的比较研究。

（一）综合型博物馆

这类博物馆首先要求超大规模，其次在展示内容上要有多元结构，同时所有展示对象之间存在结构紧密的逻辑关系，在展示形式上同样要有多种方式，这是构成综合型博物馆的基本特征。

（二）专题类博物馆

同样从历史角度出发，专题类博物馆常常以中型的规模呈现，展示方式相对比较丰富，展示内容和题材保持多元，展品之间的关系相对比较松散，类别维度和时间跨度相对较小。

（三）纪念类博物馆

此类博物馆仍从历史文化角度出发，以展示重大历史事件和人物生平为主，展馆规模相对较小，展示形式较为单一，以自然呈现为主要特征，较少加入人工技术的表现。

二、博物馆的媒介属性

世界上所有的媒体都可以分为两类：一类是时间偏向的媒介，另一类是空间偏向的媒介。时间偏向的媒介，就是那些更适合长时间保存信息的媒介，比如石碑等。这类媒介的优势在于能够经受住时间的冲刷，将信息长久保存下来。不过，它也有一个致命的缺点，那就是体积太大，无法远距离运输。空间偏向的媒介则是指那些能够跨越空间快速传播信息的媒介，比如广播、电视等。博物馆作为储存、研究、展示各类文物的场所，其明显是一种偏向时间的信息媒介。

依据伊尼斯对传播媒介的定义，博物馆传播媒介的属性对人类社会的价值与影响将远远超越博物馆馆藏的内容信息，因此对于博物馆来说，未来更要重点关注的是博物馆作为媒介对公众生活方式的影响，而不仅仅在展览本身。

媒介就是人身体的延伸。比如，广播是对人听觉的延伸，印刷术是对人视觉的延伸，电影电视媒体是对人视觉与听觉的延伸，从这些媒介特征上看，媒介是专指那些能够加速信息传播的一切载体。由此可见，其对媒介的定义已不再仅仅局限在大众媒体的有限范围内，那些能够在信息传播过程中起到信息交换或中介作用的各种载体都可称为媒介。那么，理所当然，博物馆作为历史文化信息传播载体的综合体，自然也就具有了媒介的基本属性。

而从更深的层次看，媒介本身也有其共性特征，按照媒介消费者卷入媒介的程度不同，媒介可进一步分为热媒介和冷媒介。其中，热媒介通常传递的信息比较清晰明确，接受者不需要动用更多的感官和思维活动就能理解，比如电影、广播、照片、书籍、报刊等就是热媒介，而冷媒介传递的信息相对较少并且模糊，在理解的时候，需接受者动用更多的感官和思维活动进行配合，需要充分发挥接受者的主观能动性。根据这种特点，博物馆作为信息传播的平台与载体，总体上倾向于一种冷媒介，因为公众在参观博物馆并获取文化信息时，很大程度上需要发挥自己的主观能动性，即要通过观看、思考、联想来完成信息的加工并最终达成对各种展示对象的认知。

在对博物馆媒介属性认知的基础上思考博物馆的作用与功能问题。在一般公众视野里，我们对博物馆看重的是其展览对象所传播的内容信息本身，因为展品附带的信息内容是社会文化的直接反映，是个体与社会关系的直接体现，信息传播过程中真正重要的不是那些转瞬即逝的信息，而是不断发展和变化的媒介本身，正是这些媒介改变了我们接受信息的方式，决定了我们对空间和时间的感受，进而对我们的思考方式和行为方式产生了影响。从这个意义上讲，博物馆作为一种文化信息传播的场域，它的价值根本上并不在于其展品所展示出来的历史文化信息或知识，因为这些历史文化信息或知识的获取会有更加直接和有效的方式、途径，比如可以通过直接阅读历史书籍，或者倾听历史专家、学者讲课等，因此博物馆的媒介价值重心或许应该表现在它对公众生活方式与日常生活产生的影响。这就可以进一步联系到博物馆服务公众的基本功能。只有在理论上认识到了博物馆的媒介属性，才能在后续博物馆的经营与管理过程中放大它的媒介属性，充分发挥它对公众生活的潜在影响，让博物馆的经营发展走向更加重要的方向。

第二节 博物馆展示与参观者需求

一、博物馆展示

（一）博物馆内容结构的组织方式

纵观当下博物馆内容结构的组织方式，总体上存在纵向时间轴和主题单元式两种基本方式，其中，纵向时间轴的内容结构能够更加清晰地展示文化历史演进的过程，参观者用较少的精力就能对展馆内容的逻辑产生清晰的认识，在很大程度上能减少参观者在整体内容建构方面的精力投入；主题单元式的内容结构的组织方式需要参观者发挥自己的能动性，对展示主题内容的逻辑关系进行梳理，相比而言会在一定程度上增加参观者的负担。

相比两种内容结构的组织方式，纵向时间轴的内容结构能够显性展示历史文化的脉络关系，而在内容展示的深度上相对较为宏观和笼统，比较适合做叙事性较强、时间跨度较大的综合性博物馆的常设展览；主题单元式内容结构的组织方式，相对属于隐性的叙事方式，在内容的逻辑结构关系上需要通过其他辅助性的导向标识或内容的衔接设计来加强前后的脉络与逻辑关系。

我国博物馆的内容结构的组织方式主要分为三个发展阶段：（1）新中国成立初期的博物馆布展基本是以纵向时间轴的方式进行内容的展示，展馆内容强调主题的完整性与系统性。（2）20世纪80年代开始，参观者对博物馆展览内容深度的要求开始提高，博物馆的研究工作也更加深入，主题单元式内容结构的组织及展示方式开始出现，并逐渐演化成了分级主题式的单元结构。内容组织方面，上海城市历史发展陈列馆是严格按照纵向时间轴的方式进行内容组织的典型代表，整个陈列馆由"华亭溯源""城厢风貌""开埠掠影""十里洋场""海上旧踪""建筑博览"和"车马春秋"7个部分构成，通道式的参观路线将上海发展的历史完整地呈现在公众面前，参观过程中参观者只要沿着地标指示的方向自然前进就可以轻松感知上海历史发展的前后逻辑。在主题单元式内容结构的组织方面，苏州博物馆是其中较为典型的代表，展馆内容被分为几个鲜明的内容主题，展馆的空间也相应采用了独立单元的方式进行设计，每个主题都有相对深入的内容呈现，既可以满足普通参观者的参观需要，又能为相对专业的参观者提供更加深入的内容。（3）随着展示内容形式的进一步发展，当下博物馆的内容结构的组织和展示设计更加倾向于在主题单元的基础上，借助设计手法来强化时间的脉络关系，尝试以两种不同的内容结构方式组织博物馆的展示内容。然而，不管内容结构的组织方式发生怎样的变化，其唯一的目标是更加有利于展示内容的呈现和观众对文化信息的高效认知。

（二）博物馆的展示形式分析

从设计角度看博物馆的展示形式，根本上由展示的内容决定，即内容决定形式，形式表达内容。从信息传达的角度看博物馆展示，展示形式更多会受到技术的影响，因为技术本身的特性决定了内容的适应性与选择性。考察当下博物馆的展示形式，主要分为以下几种：

一是静态式。作为博物馆展示最常见的形式，静态展示多出现在文物陈列上，同时包含辅助说明的图文内容，由于文物自身附着了大量的文化信息，静态文物能够自然地散发出吸引参观者的磁力。而值得注意的是，虽然静态文物的展示形式看似平淡无奇，但要实现文化信息的高效传达，必须依靠苛刻的展示环境和辅助手法。对文物而言，只有保持视觉上的简洁与朴素、听觉上的幽静，才能实现文物与参观者之间的情感交流，任何喧嚣或视觉上的干扰都会对文化信息的有效传播产生负面的影响。为实现文化信息的有效传达，文物的文化信息传达，一般会以具体的信息符号和情感体验两种形式传递给参观者，随着展示方式的不断创新，原本静态独立的文物展示方式因信息片段化的不足，一般会利用其他光影、图文背景、出土环境等元素进行辅助展示，以便扩大参观者更大的想象空间，提高参观者对文物自身文化信息的更多解读。另外，还有以文物为基础的静态式展陈方式进一步延伸出场景复原。

二是动态交互式。动态交互式的展示形式，是以电子与信息技术发展为基础。信息技术的发展极大地改变了现代人的信息阅读方式，高清影音播放及智能终端设备的普及，也让原来普通的动态多媒体失去了吸引力，交互已经变得司空见惯。当 3D/4D 甚至 5D 技术还在设法抓取公众视觉注意力的同时，具有突破性的裸眼 3D 和 VR 虚拟体验已经快速普及。纵观博物馆动态交互式技术的发展，虽在形式上不断突破，但在技术上仍然存在无法克服的缺点，比如 3D 裸眼技术的观看视角和尺度限制，VR 可穿戴装备存在佩戴舒适性的局限，这都让观众无法享受完美的体验，技术仍然还有很大的提升空间。

三是沉浸式。沉浸式体验的展示形式是多种媒体与技术的集成，主要以新媒体技术（new multimedia story telling）将静态图像（Picture）、动态影像（video）、声音（audio）和文字（literature）等跨媒体的有机组合，通过互动性、参与性来实现对某一特定主题内容的体验。沉浸式体验的显著特征是弱化"实物"强化"虚拟"。沉浸式体验的展示形式一般分为"观者"与"角色"两种基本类型，其中，"观者"是将多种媒体与参观者的感觉器官进行对接，参观者参观过程中被充分融入并带到有强烈主题的情景中去，而"角色"类的沉浸式体验则是通过各类感应设备，充分发挥参观者的参与性，将参观者扮演成场景的主宰者。

提高博物馆文化信息的传播效率，需要丰富展示信息的呈现方式、打破传统单一的视觉体验、挣脱物理因素的束缚，将展示形式由单维度拓展到多维度，馆内的交互式设计应更全面、更多样化地发展。由传统的"静态"为主转变为"动态"为主，由"被动接受"转为"主动参与"，由"隔屏观看"转为"身在其中"，使得观众在享受视觉带来愉悦的同时，还可以感受到同步的听觉、触觉等多方位、多角度的体验感受。在当下社会环境中，博物馆文化信息的高效传达无不要依靠情景化的搭建，只有将孤立的信息放入恰当的情景中去，才能更加有利于观众对信息的吸收。而在技术引导下，无论何种类型的展示形式，其努力的方向都将集中到"情景化"上。

二、博物馆参观者的真实需求

当下社会的物质进步催生了大量的欲望，而欲望又会催生出大量浮夸虚假的"需求"，永无止境的欲望与需求成就了当下繁荣的商业社会，也让人们开始反思究竟什么才是当下人最"真实"的需求。而被商业包围的博物馆，能否创造出满足公众真实需求的文化产品呢？

（一）博物馆消费的真实需求

对于历经社会发展巨变的"60后""70后""80后"们，物质条件与社会风气的变化对其消费需求带来的影响是深有体会的，虚假与过度消费的现象在日常生活中随处可见，即使是新成长起来的"90后""00后"，在被享乐主义包围的当下，也存在着大量虚假性的消费需求。尽管如此，不同时代人的需求都会因受社会综合环境的影响而存在鲜明的特征，而最近几十年公众需求变化的特征总体上呈现出了"从追求便利性、可靠性到低价格，然后发展到追求产品品质，最终走向了对真实情感体验的追求"，形态上也逐步从具体的"物品"逐渐转化为相对虚拟的服务产品。正是这种需求的变化，为以提供文化消费产品为使命的博物馆提供了良好的发展契机。

博物馆作为文化消费的公共场所，虽然在当前的体制下尚无经济方面需要盈利的压力，但从整个国家管理体制改革的方向看，实现事业单位的企业化、市场化运营已经成为一种趋势，因此优化博物馆的运营管理，研究公众的"真实需求"便是摆在博物馆经营管理者面前的迫切问题，即便只是从发挥公共事业单位服务公众的职能角度来对公众"真实需求"进行研究也有重要的现实意义。那何为"真实"需求？其又有怎样的特征？

"真实"是来自使用者心中真实的情感呼唤，除产品功能外，"真实"的衡量标准即在于对一件产品是否是发自内心喜欢。对服务型产品而言，"真实"性则更多指的是消费者的"情感体验"，即被深深感动的心理状态。比如参观博物馆，不一定非要在参观过程中学到多少具体的文化知识，更重要的是整个参观过程中的美好体验，而事后对博物馆的参观过程是否能够给人留下美好的回忆，这便可以作为判断博物馆消费需求真实性的标准，如果参观过程中留下的尽是糟糕回忆，那至少能够在很大程度上说明之前的参观需求并不是，或者并不完全是"真实"需求。从对公众生活影响的视角看，这种参观活动并不是生活"必需"品，然而正是这种非"必需"的消费品，才会在"真实"性上影响公众对博物馆的消费需求。馆方要为之努力的便是通过怎样的手段，打造符合公众真实需求的文化产品。

（二）公众的博物馆消费需求的分析

从博物馆自身的发展来看，博物馆的服务对象已经从原来的"观众"变为了"公众"。博物馆的定位已从展览转向了包含教育及社会服务等多元功能。当下公众对博物馆的需求正处在一种相对更加柔性的状态之下，博物馆对公众的意义也不再像往常那样仅仅局限在"观展"的行为上。消费观念和社会综合环境的变化使得公众对博物馆的"真实"需求不再具有以往那样的清晰逻辑，明确的参观动机与随机性并存，主要表现为以下几个方面：

1. 直接的知识获取

长期以来，博物馆公众服务的重心一直聚焦在如何为公众的参观活动提供更加周到优质的服务，在很长一段时间内，"免费开放"成为各类博物馆落实扩大服务公众的主要方式，而事实上公众对博物馆的消费需求已不再仅仅是一顿"免费午餐"那么简单，其他更加专业的文物鉴赏、深度阅读等已成为当下公众对博物馆提出的新需求。

相比以往，相对专业和深度的文化研究并不只是来自极少数个别的业余研究爱好者，公众文化素质的提升使其对博物馆的文化消费有了更进一步的消费需求，这主要由社会经济文化发展的积累速度决定的。在大量城市特别是一二线城市，经过几十年的发展，公众在经济文化方面已经完成了良好的积累与沉淀，原来小众化的深度阅读与研究正在逐步扩大化，这正是当下公众对博物馆消费需求的新变化。对博物馆而言，公众的深度阅读主要针对博物馆特有的文化图书资源，因为博物馆馆藏的大量读物与普通综合性图书馆存在很大的不同，虽然博物馆藏书的总量不大、面也不广，但专业而集中，主要围绕文物、考古、博物馆学及其密切相关的资料进行收藏。从这方面来说，博物馆收藏的图书资料具有独特的个性和优势，它的专业性、系统性和针对性是公共图书馆很难做到的。然而，我国大部分博物馆由于管理机制的原因，其馆藏资源很少对外开放，这与国外大量博物馆的资源开放有所不同，国外大量博物馆能够像它们的文化公共服务机构一样与公众分享它的收藏成果。这种藏品开放的趋势目前已经成为中国博物馆进行公众服务改革的一种趋势。

2. 日常生活的组成部分

博物馆在公众一般认知中总有一种令人仰视的文化地位与身份象征，而正是因为这种独特的属性会让公众与其保持某种距离感，经典文化与普通公众的心理鸿沟似乎存在于每一个人的基因中。当在博物馆看到古代帝王将相或皇亲国戚遗留下来的器皿、物件、书画等类似物品时，对工艺、审美及王权的赞叹便会油然而生，即便只是个普通的老物件，只要将其置于博物馆的橱窗内，珍贵程度便会迅速飙升，似乎瞬间就能和经典文物画上等号，而正因这种特殊场域给人带来的认知偏向，导致博物馆提供的大量文化产品难以充分融入公众的日常生活。然而，依据最新博物馆发展的定位与价值的体现，未来博物馆发展的终极目标必然是服务于公众的日常生活。

因此，讨论博物馆服务公众的问题，必须设法让博物馆能够以一种更富亲和力的方式与公众发生关系并充分融入公众的日常生活。其中，"休闲"便是博物馆服务公众与公众追求文化消费之间的一个连接节点。过去亚里士多德曾将"休闲"誉为"一切事物环绕的中心"，"科学和哲学诞生的基本条件之一"，而当下社会技术环境的发展，公众学习生活方式的改变正在让这一场景逐渐变为现实。因为信息泛滥与时间的碎片化正引导着人们逐渐习惯于以"休闲"的方式进行学习与生活，这区别于传统课堂对个体的学习作用，具有更大的推动力，当然严格意义上两者存在本质的区别，并不能完全以"休闲"取代正式的课堂学习。

另外，博物馆服务公众日常生活的途径和方式也正在突破以往文物储藏和主题展览的有限范围，正如贝聿铭所说："公众对博物馆的兴趣最近提高得如此之快，使得博物馆变得比'艺术贮藏室'的意义广泛得多。"在西方发达国家有些博物馆的公共空间被赋予了大量与公众生活紧密相关的新功能，如文化集会、音乐会、鉴赏会、时装发布会、颁奖典礼等，同时餐厅、咖啡吧、休闲阅读空间等也成了博物馆对外服务的新内容，还有其他各种绘画、雕刻、制陶的体验与学习也是博物馆服务公众比较常见的功能。因此，未来博物馆服务公众的更多可能性必然是设法满足公众"日常生活中"的各类"真实"需求。

3. 定向的情感体验消费

博物馆的常设展作为综合而系统的展览，其内容相对更加稳定，它在很大程度上诠释了某一主题的文化传统与知识体系，这种内容的选择和展示形式常常具有教科书式的稳定性与严肃性，然而公众日常需要的文化消费产品显然与之不能等同，这就需要博物馆在现有文化资源的基础上通过策划与制作，共同谋划带有特定主题、贴近生活的专题展览，即常说的"特展"。很多博物馆也会将特展作为博物馆阶段性研究成果的呈现方式，是博物馆通过展览拉近公众与博物馆距离、服务公众文化消费需求的具体体现。

首先，"特展"依靠鲜明的主题，能够打破公众对博物馆长期以来形成的刻板印象，无论是经典文化特展还是极受百姓欢迎的生活用品展，频繁展览活动的本身即能形成一种活力与新鲜感并存的吸引力，而这正是影响公众进行博物馆消费的基本前提。

其次，特定主题的"特展"是满足公众文化消费需求的完整产品，公众对文化产品的"真实"需求来自内心对情感体验的渴望，此处"真实"文化产品的定义不完全等同于物品的真实性，更多强调的是基于真实物品之上的"真实情景"，而"真实情景"的建构有时恰恰需要并不真实的手法来夸大场景的特征，以便最终达到"真实"情感体验的最终效果。

最后，博物馆中超越"真实"的场景，能够创造出超越其他媒体形式的高峰体验。"高峰体验"，是一种让人"感受到一种发自心灵深处的战栗、欣快、满足、超然的情绪体验"。场景复原作为博物馆中的常见展项，它能给参观者在情感体验上带来比其他展馆更强的信任感，这是公众参观博物馆时基于对博物馆属性认知基础上的自然反应，这种由公众自身自然产生的心理暗示与真实场景共同构成的体验感是其他任何媒介与技术所无法比拟的。

第三节　博物馆文化信息传达的效能分析

一、博物馆文化信息传播研究的理论基础

博物馆作为人类文化信息储存、研究、展示的平台，追求的最终目标是与公众分享人类文化发展的成果，最大限度传播人类文化信息。从信息传播的角度看，博物馆既是文化信息交流的平台，也是文化信息传播的重要媒介，纵观传播学领域的相关研究，"媒介环境学"研究的符号、媒介和文化，它们彼此之间错综复杂的关系，最适合解释博物馆在文化信息传播方面的价值和意义。

在现代传播学发展过程中，媒介环境学起源于20世纪50年代的加拿大多伦多和美国纽约的学术中心，目前与占主导地位的"经验学派"和"批判学派"构成了三足鼎立的格局。媒介环境学创始人为伊尼斯（Harold Adams Innis），后经麦克·卢汉（Marshall

Mcluhan）将其发扬光大，20世纪60年代"媒介环境学"专用术语正式产生，1998年媒介环境学会（Media Ecology Association，简称MEA）正式在纽约的福特汉姆大学宣告成立。而根据媒介环境学家尼尔·波兹曼（Neil Postman）对"媒介环境学"的相关论述可以看出"媒介环境学主要研究传播技术控制信息传播以及如何影响人们的感知结果、态度与价值观"，对于传播技术，他在《教育的终结》一书中曾对技术的认知提出了十个方面的相关命题：一、所有技术的变革都会引来人们的盲目崇拜，每一项先进新技术的产生都会有它的不足和缺陷；二、新技术的优点和缺点永远不会平均分配到每个人，总会有一些人从中收益，而有些人受害；三、嵌入到技术内的东西都是一种强有力的思想，或多或少，就像语言的融合，一项技术倾向于让我们在某个视角肯定某种价值而把其他的放到从属地位，技术作为一种哲学观，它影响着人们的思想、行为、世界规则，它在某些方面强化我们的感知，在某些方面又忽视我们情感和智慧的倾向；四、一种新技术通常是对旧技术发起的挑战，它在时间、注意力、金钱、声望和"世界观"方面同旧技术竞争；五、技术变革不是简单的叠加性，它是生态性的，一项新技术并不是仅仅增加了什么，它在改变着一切；六、由于信息编码的符号形式不同，不同的技术有不同的思想和情感偏向；七、由于信息容的获取速度和可获得性不同，不同的技术有不一样的政治偏向；八、由于技术的物质构成形式不同，不同的技术有不同的感知偏向；九、由于我们注意到技术的存在环境不同，不同的技术有着不同的社会偏向；十、由于技术和经济结构不同，不同的技术有着不同的内容偏向。在波兹曼看来，技术媒介在控制信息传播的过程中，还会影响人们的价值观和态度。

在波兹曼提出的这十个命题当中，其中技术能够对人和社会产生深刻的影响。不同技术有不同的思想和情感的偏向、不同的感知偏向以及不同的内容偏向，博物馆作为文化信息传播的综合平台，其在展示形式上包括传统平面、新兴媒体、场景复原等多种不同传播媒介，而媒介本身，特别是当下兴起的新媒体技术必然会对博物馆的内容设置、观众感知和情感体验等产生不同的偏向，进而会影响观众的参观行为，因此研究博物馆中的文化信息传播效率问题，必然离不开对展示形式的研究与讨论。因为任何展示形式都是不同技术的外在表现，同时技术也为展示形式提供了根本支撑，即使是传统的图文展项，其背后也有因印刷技术的更新所带来的差异。因此，基于技术—媒介—信息与人之间的逻辑关系，借以讨论博物馆展示技术、展示形式、展示内容以及观众行为之间的关系，可以看出两者存在着明显的对应关系。

在这组影响信息传播的要素中，技术的基础性作用是媒介环境学关注的焦点问题，就大众传播与博物馆文化信息传播的关系来看，其中心问题和终极目标都是围绕信息如何有效传播展开的，因此媒介环境学构成了博物馆文化信息传播的理论基础。

二、研究思路与框架

深度了解影响博物馆文化信息传达效率的影响要素，研究采用行为观察法对博物馆参观过程中的若干问题进行深度分析。相比其他研究方法，行为观察法的基本原则是尽量不要对观众的自由参观造成影响，以便记录观众在无干扰情况下的自由行为。尽管行为观察法是各种观众评估类型中最耗人力和时间的方法，但只有通过大量数据记录，才能全面了解观众在展览中的真实行为，也只有通过这种方式，才能对展览的具体内容和展项细节的实际情况做出详细分析。

（一）主要参考变量

本书主要参考变量包括：展馆参观总时长；展馆参观次数；展示形式停留时长；展示类型停留时长；单个展项停留时长；参观者态度；展项面积大小；展项环境照度；展项区位位置；展项适宜停留度；展项内容刺激性。

（二）变量分类

依据博物馆文化信息传达的基本原理，将所有影响参观者行为的变量分为以下五种基本类型，以此作为后续统计分析的基础。

1. 展示形式

传统图文、图文+实物、版面视频、影音播放厅；实景复原、艺术＆设计复原，类型为潜在变量。

2. 展示内容

内容的刺激性。

3. 空间环境

区位位置、环境照明。

4. 展项

面积大小、适宜停留度。

5. 参观者

参观态度、年龄、性别。

（三）研究方法与思路

以参观者行为观察的数据为基础，通过统计学分析各变量之间的内在关系，主要从客观因素（展示内容、形式设计、展项属性、停留时长）与主观因素（参观者的参观态度、年龄与性别）两个方面讨论参观者参观行为与博物馆展示形式与内容之间的内在关系。

三、博物馆文化信息传达的路径分析

理论来源：认知学派的代表人物托尔曼（E.C.Tolman）认为，所谓认知并不是个别的感知和部分的知觉，而是对含有格式塔心理学所说的形态知觉这种更大的整体性的认识，也就是"场的理论"，它重点强调的是认知过程中的认识对象所处的环境，而不仅仅是对象本身。博物馆作为以综合环境为认知平台，具体展品为展示对象的文化场所，文化信息的传播是展品与展馆综合环境共同作用的结果，文化信息的传播过程正是参访者对展馆及展示对象的认知过程，因此，博物馆文化信息传达的路径即是以认知学派"场的理论"为基础的，结合体验实现过程的相关理论，形成了具有博物馆特点的文化信息传达路径。

博物馆文化信息传达的过程整体上可分为6个阶段：第1个阶段为信息获取阶段，即"听闻"，也就是获取博物馆的基本信息，信息渠道既可以是传统媒体，也可以是数字网络媒体等其他任何形式。第2个阶段为了解阶段，即"看"，要真实地走进博物馆，通过博物馆的室内外环境及基础设施，完成对博物馆的初步了解，形成对博物馆的基本认知，同时获取少量间接的文化信息，这种信息或许是模糊的、不确定的，但是却是参访者最初的心理感受，为进一步的文化信息获取与感知奠定了良好的基础。第3个阶段为感知阶段，即"感受"，指参访者由视觉反映到内心感知的过程，主要通过展馆的内部环境及所提供的一系列服务完成，特别是针对文物内容的讲解服务。第4个阶段则是全面的体验阶段，这个过程通过各种展示形式反复刺激参访者的各种感官，使参观者沉浸在展品和空间环境当中，以充分感受并理解博物馆的展示内容。第5个阶段为消费阶段，这也是当下博物馆在原有功能的基础上，为满足公众需求和自身可持续经营而延伸出来的新功能，即通过提供多元化的服务来为博物馆的运营提供支持。而最关键的是，参访者通过在博物馆中的各种消费行为，能够加深对博物馆文化信息的深刻记忆。第6个阶段为回想阶段，即"忆"，主要是参观者在离开博物馆后，对展馆相关文化信息内容的回忆。

如果将博物馆文化信息传达的过程看作一个完整的学习过程，第1~3阶段（听闻、看、感受）属于预习阶段，而"体验"和"消费"的过程则属于学习阶段，最后对参观活动的回忆属于复习巩固阶段。这在总体上与人的学习行为相对应，是有别于传统正式学习方式的另一种表现形式。

第二章 博物馆管理工作的优化

第一节 博物馆科学化管理与发展方向

一、博物馆科学化管理模式的探讨

改革开放之后,人们的物质生活水平不断提高,精神文化需求也伴随着经济的发展而增长。博物馆属于公共文化服务场所,工作内容丰富且多样,因此需要通过科学有效的管理模式开展工作,确保自身在市场经济的整体环境下,逐步地由传统的管理模式转化为市场化管理模式。而这需要博物馆的管理人员以及相应的工作人员转化工作思路,将行政管理和公共管理真正地融入博物馆的日常管理工作中,从而强化博物馆整体管理体制的创新与改革,使博物馆能够更好地应对当前市场环境对博物馆整体管理建设工作所带来的影响与挑战,促进博物馆事业的繁荣发展。

博物馆作为文化事业单位,担负着传承优秀文化的重任,可以保护并展示一个国家、一个民族的标志性文化遗产,向人民群众传递民族精神。这些遗产是人类在发展过程中留下的闪光点,能够在社会中形成一股将人民凝聚在一起的强大力量。当今世界的竞争属于综合国力的竞争,而文化软实力是综合国力的根脉和基础。目前乃至今后的几十年时间内,随着我国综合国力的不断提升,文化软实力也会迎来新的发展契机,我国的博物馆事业将处在一个高峰期。全面加强博物馆管理工作,探索博物馆科学化管理模式,是博物馆各项工作的重中之重。

(一) 博物馆管理的内容

博物馆管理的内容包括博物馆的管理思想、管理体制、管理制度和管理手段等。

管理思想指办馆宗旨和工作指导思想。中国的博物馆是文物和标本的主要收藏机构、宣传教育机构和科学研究机构,是我国社会主义科学文化事业的重要组成部分。博物馆通过征集收藏文物、标本,进行科学研究,举办陈列展览,来传播历史和科学文化知识,并对人民群众进行爱国主义教育和社会主义教育,以提高全民族的科学文化水平。

管理体制包括馆长、组织机构、人员配备和培养等。馆长是博物馆的业务和行政负责人,负责全面贯彻执行国家有关博物馆的方针、政策和法令,制定长期和近期的规划、计划,组织和领导全馆的业务工作和行政管理工作。组织机构是保证各项工作协调进行的组织形式，根据实际需要、合理分工、职责明确和精简的原则，设置必要的业务和行政管理部门，保证各项工作和活动的正常进行。有条件的博物馆还会设立学术委员会，对全馆的学术研究活动和陈列发挥咨询、评议和组织、指导作用。人员配备和培养是博物馆科学化管理中一项根本的战略性任务，直接影响博物馆开展各项工作的效率和质量，应本着择优选用的原则，有计划地选择、配备和培养必要的专业人员和管理人员。

管理制度指以责任制为核心的各项规章制度，是博物馆工作人员遵守的工作规范和准则，是博物馆科学管理的保证。一个博物馆一般会建立馆长责任制度、岗位责任制度、民主管理制度、文物标本征集制度、文物标本保管制度以及陈列展览、宣传教育、科学研究、建筑和设备管理、财务管理、行政办公等方面的规章制度。

管理手段主要是指现代化的科技管理设施（如防盗、防火、防震等报警、监测、救护、保护设备），以确保文物标本、建筑设备的安全，提高工作效率和质量，采用幻灯、数字化多媒体、语音等手段为观众服务。除此之外，免费开放、预约参观等制度也属于管理手段的范畴。

（二）博物馆管理应采取的改革措施

1. 大力加强体制改革

博物馆事业在整体发展过程之中存在的各种问题，与管理工作的开展较为落后有一定的关联，所以相关部门应该强化对博物馆整体管理模式的创新，从而有效地提高工作效率。就博物馆的管理工作而言，要充分利用博物馆内部的不同功能，做到物尽其用，最大限度给当地人民群众提供相应的服务，这样才能促进博物馆的建设与稳定发展。

博物馆作为公益性的文化事业单位，在开展日常管理工作的过程中，首先需要对相应的体制进行改革。国家所创办的博物馆、美术馆和科技馆属于公益性的文化事业单位，要给人民群众提供相应的公共文化服务。也正是由于博物馆整体的管理体制存在弊端，当前博物馆的发展受到了阻碍，因此就需要不断地对体制进行改革。只有确保博物馆内的体制改革工作顺利开展，才能使其教育作用发挥出来，成为公众日常生活中的精神文化活动场所，给公众提供更为优秀的文化服务。

2. 及时调整自身定位

在当前的市场经济环境下，博物馆需要不断地调整自身定位，依照市场环境的变化进行相应的改革。虽然每个博物馆内的产品有较大差异，但是它们拥有同样的目标，就是开展公众教育工作，因此管理人员要首先考虑到博物馆教育职能的发挥，并且通过市场化运作，采取更为准确的自身定位去实现目标。但是对经济效益的追求会直接影响到博物馆教育职能的发挥，所以对于博物馆这一提供公共服务的文化场所，其管理人员需要增强沟通和交流能力，通过正确的方式提升博物馆整体管理效果。在当前的环境下，人们开始重视自身的地位，希望得到他人的认可与尊重。博物馆的管理人员首先需要明确这一变化趋势，转变传统的沟通模式，以平等的方式与参观者进行沟通和交流，不要摆出高高在上的姿态，这也是一个管理者所应必备的素养。博物馆的管理人员只有首先认清这一道理，并且将实际的解决措施真正地运用在日常工作之中，才能确保在新时代背景下使博物馆的管理工作得到更好的发展。

3. 借鉴公共服务体系建设的经验

当前我国正在对公共服务体系进行完善，而公共文化场所的主要服务提供地点——博物馆也要不断地对自身的管理体制进行改革，通过借鉴公共服务体系建设的经验来促进自身更好地发展。当前很多博物馆的发展滞后，究其原因是忽视了对博物馆的建设，并且缺乏资金。因此，博物馆需要不断地拓宽资金来源渠道，解决自身存在的资金不足的问题。由于博物馆属于非营利性、公益性的场所，所以国家的财政投入对于博物馆的发展而言有着重要的作用，但是博物馆的建设也不能仅依靠国家的财政投入。对于这一问题，国外的一些博物馆给我们提供了可以借鉴的优秀经验。国家可以通过制定相应的公共政策，使社会各界人士愿意将闲散资金投入博物馆的公共文化建设之中，同时可以制定相应的优惠政策，例如减免税收政策等。

4. 加强博物馆的服务管理功能

我国的大部分博物馆都是免费开放的，从而使博物馆内的公共文化产品的供给度得到了极大的提升，并且也使人们能够更容易地接受公共文化服务。由于博物馆降低了参观门槛，吸引了更多的人走进博物馆进行参观，因而其公共服务职能得以发挥出来。博物馆可以采取如下措施提高其公共服务职能：首先，与有关单位构建一个长期的合作模式，例如学校或者旅游单位，从而通过服务教育工作的开展达到更好的效果。其次，根据免费开放的情况制定相应的管理模式。例如，免费开放之后参观的人数会增多，博物馆要确保参观的秩序，注重对于文物设施的保护和参观者自身的人身安全和财产安全的保障。针对这一问题，博物馆可以制定分批参观的对策，并且在馆内放置一些安全座椅和饮水机等公共服务设施，还可以增加讲解员数量，为观众提供多元化讲解服务。

5. 加强博物馆人才队伍建设

博物馆管理工作的关键问题，就是要强化人才队伍的建设。在当前的博物馆管理工作中，激励模式的运用能够有效地加强博物馆的人才队伍建设力度。第一，可以把物质激励和精神激励融合在一起，不能过度强调物质激励，还要通过对工作人员进行表扬以及颁发荣誉证书等相应的精神奖励，来充分调动员工的工作积极性与自主性，使他们能够逐步发挥主观能动性。第二，博物馆的管理人员在开展日常管理工作过程中，一定要注意人文关怀，实行人性化管理，根据员工的实际需求采取差异化的奖励机制，依照不同年龄段、不同性别和不同性格的员工分层管理，从而真正做到因人而异，使员工在工作中能够最大限度发挥出自身的价值。第三，改变用人制度。当前，我国的博物馆在长期的传统管理模式影响下，存在各种各样的制度问题，且员工能力大小与素质高低缺乏相应的区分。在此条件下，博物馆首先要强化相关工作人员的专业培训工作，通过岗前、岗中专业培训，使工作人员迅速具备博物馆工作所需要的能力。

当前的博物馆面临着人事改革工作。现阶段，我国的博物馆在人员任用工作上，通常存在一经录用就不再对人员进行更换的问题。下一步，博物馆可以通过聘用制、分配制以及绩效考核制，强化人才管理和人才流通。

6. 加强观念更新，转变服务理念

博物馆管理人员要加强自身的观念更新，及时地学习一些先进的博物馆管理理念。只有管理人员具备创新且前沿的管理理念，才能确保后续的人才管理模式更加先进。管理工作者在创新管理理念的同时也要转化自身服务理念，要用市场的理念去看待博物馆的日常经营在市场经济环境下的实际价值和效益。

7. 创新游览和讲解方式

博物馆的展厅讲解工作，是博物馆综合工作当中非常重要的一个环节，是博物馆发挥教育功能的基础。博物馆需要强化有关展览的讲解，使观众在参观的同时，及时了解各项展品和藏品的实际价值及其背后的故事。讲解员要对讲解内容进行专业学习和严格把关。除此之外，讲解员在讲解过程中还要做到语言灵活生动，并采取多元化的讲解模式，以此促进博物馆的宣传教育工作顺利开展，更好地发挥博物馆的社会教育功能。

（三）博物馆管理的意义

文化是一个民族的精神和灵魂，是国家综合国力和核心竞争力的重要因素。而博物馆是一个国家、一个民族文化传承的载体之一，博物馆的管理工作做得好，也代表着服务型政府建设得好，展现了社会公共政策建设的成果，有利于构建和谐社会。而博物馆必将承担起文化传承与教育宣传的重任，为我国社会主义文化大发展、大繁荣做出不可磨灭的贡献。我国的博物馆管理工作任重道远，还需要经历很长的摸索阶段，需要社会各界携起手来共同努力，促进博物馆管理的科学化和先进性，为我国的社会主义文化建设添砖加瓦，为实现"中国梦"助力。

二、加强博物馆管理工作的措施

博物馆日常管理工作的开展情况，将直接影响博物馆的实际工作质量与未来发展方向。通过调研和分析，将全新的思路运用到日常管理工作中，可以强化博物馆管理工作。对于加强博物馆管理工作，我们有以下思考：

（一）打造精美的精神产品，服务观众

博物馆的陈列和展览需要突破传统模式，体现出当地的特色，并做到与时俱进，运用现代化的手段和方式，打造出更加符合观众实际需求的产品。

在实际工作中我们发现，不论是展览还是陈列，只要拥有精品，就能够引起观众的兴趣，精品对于拓宽社会教育的整体覆盖面以及扩大博物馆自身的影响力具有积极的促进作用。

博物馆的陈列与展览，不论是自己举办，还是通过引进的方式举办，都需要朝着多元化的方向发展，以体现出专业化与国际化特征。同时，要做好自身的定位，更好地满足社会和观众的实际需求，而实际的展示内容一定要有足够的创新，以呈现出精品的无限魅力。展览在整体设计上一定要考虑到实际效果，要通过创意的设计以及精美的展品，让观众站在多元化的角度去探索，去感知社会，去了解历史，从而传播我国优秀的传统文化。展览要表达出不同地区与民族独特的文化理念，真正地为社会提供服务，为观众打造精品。

（二）加快数字博物馆建设，吸引观众

博物馆数字化建设是世界博物馆整体发展的主流趋势。为了打造现代化的博物馆，满足博物馆在今后发展的实际需要，信息管理工作已经成为博物馆管理人员的主要工作方向。现阶段，建设数字博物馆，开展相应的人才建设以及对科学技术进行创新，使博物馆的知识传播功能逐渐地由"单项传递"变为"双向交流"，使博物馆的教育职能逐渐地由"教"变为"帮"，可以最大限度吸引更多的社会公众来博物馆进行参观，有效地推动博物馆教育功能的实现。

数字博物馆通过运用先进的科学技术，将大量的信息直接传播给观众，使观众可以突破时间、空间上的限制，去了解不同民族、不同地区、不同时代的文化资源以及风土人情，并且还会给观众带来一种身临其境的全新体验。这恰恰弥补了传统博物馆在经营管理过程中的各种不足，创新了博物馆的展览形式。推动数字博物馆建设，能够使博物馆自身的优势得以发挥。这种良好的文化传承模式，可以提高博物馆的吸引力和凝聚力，使社会公众感受更深的文化价值。

(三)倡导合作与竞争,愉悦观众

不同地区的博物馆之间要通过沟通与交流开展合作与竞争,促进双方共同发展。不同地区的博物馆具有不同的特色,通过开展沟通与交流,双方能够互相学习对方的长处,从而使馆内的展览资源变得更加丰富多彩。这样不仅能够使观众在参观过程中了解到更多的文物,还能激发出他们对于博物馆的兴趣度,使他们在参观时掌握更多知识,获得更多的精神享受,从中体验到参观的乐趣。

近年来,我国各地都在不断地建设博物馆,如果博物馆之间相互沟通与交流,就能够使各地的特色以及行业展览融合在一起。通过融合与借鉴,采取联合展览、引进展览、赴外展览和协助展览等方法,可以推动不同地区的博物馆共同发展,实现博物馆资源的共享,满足观众多元化的精神需求,促进博物馆社会服务能力的提升。此外,博物馆之间的合作在成熟的情况下也可以扩大到世界各地,通过展览交流,使博物馆直接变成城市对外交流的文化载体,让世界更加了解我国的优秀文化,促进我国民族文化的传播与弘扬,使博物馆的宣传效果达到最大化,真正实现从"馆舍天地"走向"大千世界"。

(四)创新工作思路,教益公众

博物馆管理工作的创新主要就是对观念进行创新,要立足实际,通过已有的藏品资源特色,提升产品品位,寻求自身的发展途径。而工作制度的创新则要求管理人员提升自身的管理能力,可以借鉴一些优秀博物馆和5A级景区的高标准管理模式,依照博物馆实际情况,制定出操作性较强的制度和方案,并将它们运用到日常工作中。同时,要精选出相应的管理人员,对方案的实施情况进行落实与检查,确保服务质量的提升。此外,为了促进人才培养工作的顺利开展,使博物馆内员工的素质得到提升,还要强化员工对思想政治理论知识和专业知识的学习,使他们具有爱岗敬业、甘于奉献的精神。在提高员工综合素养的同时,博物馆还要在实践中通过形式多样的创新活动,开展调查研究,与观众多多互动,提高博物馆宣传教育工作和管理工作的实效。当前,我国正处在文旅融合的新时期,博物馆既是文化公共场馆,又是旅游景点,既是对我国优秀传统文化进行传承与弘扬的重要载体,又是对观众进行社会教育的重要场所,新时期赋予了博物馆新的使命,更需要博物馆在今后的发展中创新工作思路。

三、博物馆管理工作的发展方向

新时代背景下的博物馆管理工作正面临着极大的挑战,其中涉及资金运用、工作人员素养提升、产品展示等各种问题,工作内容较为繁重复杂。因此,在日常工作中,博物馆要不断地研究与分析，以最好的管理和服务去面对市场环境，促进文博事业的迅速发展。

（一）博物馆评估与管理

1. 现有的博物馆评估的不同类型

现有的博物馆评估有针对博物馆整体、具体业务项目和博物馆观众与发展环境三种类型。我国目前已开展的博物馆定级评估和运行评估，分别设计了多项分级指标项目和更多的得分点，两者都属于从管理者角度将博物馆作为评估对象，经过系统的信息资料采集、比较而作出研判，总体上都属于针对博物馆整体的评估。其中，定级评估和国外常用的认证评估基本上属于同一类型，不同之处是，国外的博物馆认证往往是评价博物馆在使命、责任和实践等方面是否达到一定的专业标准。比如：博物馆的组织架构与管理方式是否有效地推动了达标任务的完成；博物馆藏品是否进行了有效管理、收藏与建档工作；博物馆的陈列展览与文化活动是否有利于推动博物馆的文化传播，是否合理计划并适当创新，以便为观众提供学习、欣赏的机会；博物馆的陈列展览与文化活动是否通过适当研究来有效呈现，是否符合现有及潜在观众的特点与需求；博物馆是否能够有效评价其陈列展览与文化活动，是否可以与观众进行有效沟通；博物馆的研究活动是否符合学术标准。可以说，这主要是一种达标评估。而我国则主要是依照博物馆规模、投入状况以及依托的行政资源等，参照行政分级将博物馆划分为一、二、三级，以在行政资源、管理方式及其他相关资源分配上区别对待。因此，我国的博物馆评估属于强评估、管理性评估，国外往往是弱评估和指导性、引导性评估。

2. 博物馆观众评估的重要性

随着博物馆的公共性、公益性地位日益突出，其媒介性越来越强，展示服务功能越来越重要。在这种情况下，若要公众从博物馆运营中获得实质性的优质服务或者有所收获，以及认可和支持博物馆及其相关业务，关键在于博物馆要向公众提供品质更高的展览和具体的教育服务项目。这不仅需要加强对这类博物馆具体事项的评估，同时也要进行第三类评估——博物馆受众评估，即我们通常所说的观众评估或者调研。这些评估不仅仅是定级与运行评估中简单的数据统计和汇总，而且逐渐成为越来越重要的博物馆评估和博物馆学研究对象。

博物馆通过积极调研和评估了解观众需求，并予以满足或者加以正确引导，极大地改进了自身与社会的关系，促进了业务发展，提升了社会价值。观众不仅是被吸引和争取的对象，也是博物馆从藏品、展品到展览诠释的相关者，是博物馆及其业务背后的文化与政治参与力量，是博物馆实现其社会价值的重要合作者。

（二）新时期博物馆管理工作的发展要求

自我国实行博物馆免费开放政策以来，我国的博物馆迎来了前所未有的发展高峰期，在一段时间内，接待了大量的游客。博物馆向公众免费开放不但能够让更多的人了解我国的优秀传统文化，还可以促进国际文化的交流，但是同时也给博物馆带来了巨大的压力。例如，人员较多导致博物馆内拥挤，从而使博物馆强行关闭的问题经常出现。这也反映出当前博物馆管理工作中存在的问题，所以我们需要不断强化博物馆管理工作的力度，明确博物馆的发展方向，加强博物馆建设。

（三）探索和分析博物馆管理的发展方向

1. 建立健全博物馆参观管理制度，实施相关管理措施

对于博物馆的管理工作而言，需要有一个明确且完善的管理模式。现阶段，我国大部分博物馆实行的是自由开放政策，而这也使得原本的管理模式无法满足当前时代背景下的需要。因此，对于管理工作，博物馆需要提前做好准备与规划，正确面对自由开放的环境。对博物馆自由开放之后产生的各种问题进行分析可以发现，这些问题主要是管理体系存在漏洞导致的。为了满足政策的要求，很多博物馆在安全管理制度落实之前就已经开放了。这无疑会导致人流量增加，从而直接影响博物馆的文物保护工作以及观众参观的实际质量。所以，博物馆要完善自身的管理制度，构建对外开放系统，并按照时间设定入馆人数。例如，可以制定团体预约的服务措施，确保整体观览过程有秩序，无论任何环节出现问题，相关工作人员都要及时进行处理，从而形成一个有序管理的局面。

博物馆应抓住当前国家正在进行的全面制度改革的新机遇，适应文化改革的新浪潮，采取一切有效措施，推进制度创新、机制转换，探索建立新机制，不断深化各项改革，使博物馆的各项政策落到实处，生根发芽，不断提高博物馆的服务能力和经营效益。同时，还应当创新管理制度，并遵循博物馆的发展规律，实现博物馆从点到面的发展模式、从封闭到开放的管理模式以及建立从简单到复杂的博物馆模式，从而使博物馆又好又快地发展。

2. 提高博物馆管理人员的专业素质和技能，加强管理队伍建设

人才培养工作是博物馆日常管理工作的重要构成。从事文物鉴定和文物保护的专业人员，需要不断强化自身的专业知识学习，提高自身修养。为吸纳更多优秀人才为博物馆的文物保护和基础设施维护助力，博物馆首先要对人才培养机制进行完善。构建一支具有良好专业素质和专业能力的管理队伍，不但能够有效提高博物馆整体管理工作开展的能力，更能够促进文化的传播与传承。

3. 完善功能设施，拓宽服务渠道

政府部门要加大对博物馆的资金投入，强化对博物馆相应配套设施的建设。政府资金是博物馆实现日常运转的主要资金来源，博物馆的人才培养以及基础设施建设和文物保护的资金都需要政府进行投资。但是政府整体的资金投入并没有一个稳定的衡量标准，而资金不足也会直接影响到博物馆的发展。所以，博物馆在发展过程中，需要政府更多的支持以及相应的资金投入，使日常的经营管理工作以及人才培养管理工作拥有相应的保障。

拓宽服务渠道，不但要求博物馆完善自身的研究与收藏功能，还要博物馆运用其特殊宣传作用，拓宽新的服务领域。例如，可以和电视媒体合作，开办电视讲座、专家论坛、民间鉴宝等栏目；可以运用数字技术去修复已经损坏的文物和古迹；可以用多媒体技术再现历史文物和典籍；还可以与旅游业融合成为旅游项目，使更多的历史文物和人文景观通过多元化的渠道被人们所熟知。

4. 注重文化宣传，加快特色建设

博物馆的管理不仅要关注内部管理人员和管理机制，也要注重对公众的管理，提高公众的文化素养和整体素质，使博物馆的管理更加畅通无阻。同时，更要注重文化的宣传和推广，加快建设特色博物馆。博物馆不仅要加强内部环境的建设，还要注重外部环境的设计，包括个性化的博物馆建筑外观设计、生态绿化等，使博物馆成为一个城市的文化符号和象征、一张充满地方特色的美丽"名片"。

在当今的时代背景下，博物馆具有越来越多的功能与职责，因此在博物馆管理工作中，需要不断地提升工作人员的管理能力和专业素养，并将信息技术整合到管理工作中，使工作人员树立正确的服务意识，使博物馆发挥出自身的社会价值，以迎接新时代所带来的各种机遇和挑战。

第二节 博物馆全面质量管理的必要性和紧迫性

对于博物馆质量管理工作相应理论的研究，也是本书的重要内容。现阶段，国内对博物馆质量管理基础理论的研究相对比较少，大部分都是在阐述和分析质量管理理论的支撑作用。也可以说，质量管理理论为博物馆全面管理工作的开展提供了比较直接的理论依据与基础保障。博物馆全面质量管理的主要目标就是优化博物馆内部的管理模式和管理办法，提升博物馆整体绩效，构建社会公众导向型博物馆。

一、质量管理观念的演变与全面质量管理的基本内容

（一）质量管理观念的演变

著名的质量管理专家、美国的朱兰（J. M. Juran）博士曾经提出，"质量"一词有十几种解释，但从顾客的角度而言，"适用性"是对产品质量最好的定义。"适用"是顾客对他所使用产品的基本需求，质量的内涵恰恰就在它的"适用性"上。这个定义可以被理解为顾客所使用的产品能完全适应其需求的一种程度。对于任何领域、任何事物而言，质量都存在其中。这一概念表示，不仅生成的产品（过程或结果），如产出的成品、过程性材料、研发的软件和提供的服务等是质量的载体，过程体系及其组合也包含着质量的概念。也就是说，零部件、计算机软件或服务等产品的质量可以被称为质量，某项活动或某个过程可以被称为质量，企业的信誉可以被称为质量，某个体系的有效性也可以被称为质量。

早在远古时代，人们就开始关注产品质量。可是，在20世纪之前，产品质量一直依靠经营者的技能和其所拥有的经验来保证。随着组织规模的扩大和现代化厂房的崛起，特别是科学管理运动在20世纪初的展开，现代意义上的质量管理活动才初见成效。按照工业化国家实践中的质量管理的特点，质量管理的发展大致可以分为质量检验阶段、统计质量控制阶段、全面质量管理阶段三大阶段。

1. 质量检验阶段（20世纪初至20世纪30年代）

这个阶段是初级阶段的质量管理。其主要特征是以事后检验为基础，通过工人自检完成产品测试。这种质量管理理念的重点是通过测试的方式来控制产品品质以确保"没有错误"。质量管理发展的过程经历了员工、工长、质量管理员。这样的检验由于是事后的，在大规模生产中可能会造成大规模的损失。为了降低生产损失，及时对质量进行"反馈"，而不是发生问题后再进行质量检验，就需要对质量进行"控制"。

2. 统计质量控制阶段（20世纪40年代至20世纪50年代）

20世纪40年代至20世纪50年代，质量控制理论迅速发展，质量管理强调"用数据说话"，强调应用统计方法进行科学管理。故将质量管理的第二个发展阶段称为统计质量控制（Statistical Quality Control，SQC）阶段。

统计方法的使用，降低了不合格产品比率，节约了生产成本。但是在复杂的、现代化的大规模生产活动中，有多种多样的要素会影响到产品质量，如果仅仅利用统计学的方法跟踪质量，不可能从管理层面消减生产过程中将要出现的一切质量问题。

3. 全面质量管理阶段（20世纪60年代至今）

从20世纪60年代开始，质量管理进入全面质量管理阶段，时至今日，全面质量管理

的理论还在不断地完善和发展。科学技术从 20 世纪 50 年代开始有了突飞猛进的发展，强调全局观点的系统科学随之产生。随着世界商贸活动的快速发展，产品竞争呈现出国际化态势，竞争不断加剧促使全面质量管理（Total Quality Management，TQM）理念诞生。

20 世纪 60 年代，美国通用电气公司的质量总经理阿曼德·费根堡姆（A. V. Feigenbaum）和著名的质量管理专家朱兰等人先后提出了"全面质量管理"的概念和理论体系。他们认为，质量的优劣应以是否适应顾客的需求为主要判别标准，从而推动了全面质量理念的形成和发展，并影响至今。阿曼德·费根堡姆在其 1961 年出版的经典著作《全面质量管理》中首先提出了"全面质量管理"的概念：全面质量管理是为了能够在最经济的水平上，并考虑到充分满足用户要求的条件下进行市场研究、设计、生产和服务，把企业内各部门研制质量、维持质量和提高质量的活动构成为一体的一种有效体系。

改革开放以来，我国从日本引入了全面质量管理的理念并付诸实践，取得了一定的成效。目前，全面质量管理在我国的定义为：一个组织以质量为中心，以全员参与为基础，目的在于通过让顾客满意和本组织所有成员及社会受益而达到长期成功的管理途径。

我国质量管理专家通过总结实践经验，提出了"三全一多样"的观点："三全"即内容与方法的全面性、全过程控制、全员性，"一多样"即多种方法的质量管理。内容与方法的全面性不仅要着眼于产品的质量，而且要注重形成产品的工作质量；注重采用多种方法和技术，包括科学的组织管理工作、各种专业技术、数理统计方法、成本分析、售后服务等。过程的控制是全面的，即质量管理蕴含于市场调研、设计研发、生产准备、采购、生产制造包装、成品的检验储存、运输和销售这些为用户服务的全过程中。全员性即企业全体人员包括领导人员、工程技术人员、管理人员和工人等都参加质量管理，并对产品质量各负其责，这也是全面质量管理的三个主要特点。推行全面质量管理，必须满足"三全一多样"的基本要求。

（二）全面质量管理的基本内容

组织的管理过程是质量管理活动中所说的"一个过程"。一个组织在不同时间内有不同的任务要完成。每一个组织的生产经营活动都有一个产生、形成、实施和验证的过程。

为了解决和改进质量管理中的实际问题，还可以将戴明循环（PDCA 循环）中的四个阶段划分为更具体的七个实施步骤。这七个步骤包括：制订计划，对现有状况进行分析，发现当前存在的质量问题，对质量问题的影响要素及其形成原因进行分析，以此辨别对质量产生影响的关键要素，并制订有针对性的计划和解决措施；对计划加以执行；将措施有针对性地落实在工作之中；开展检查工作；对计划的执行与实施情况进行检查；处理问题；通过检查总结经验，吸取教训，巩固成绩，提出有待进一步解决的问题，将工作结果标准化后转入下一个循环。

如果在解决质量问题时会用到 PDCA 循环和更加具体的七个步骤，就需要管理者收集和整理大量的资料，还要应用系统的分析方法。最常用的统计方法有七种，分别是原因和效果图、相关图、直方图、分层图、排列图、控制图、统计分析表。基于数理统计的理论基础进行分析的方法，不仅科学、可靠，而且直观。

全面质量管理被看作是一种总体质量管理，它能够通过使一个组织整体及其所有成员受益而使组织保持长期成功。它强调要在顾客需求的驱动下，以追求质量为核心，以全员参与为基础，加强事前预防和全面管理。这种管理方法具有一定的优势，可以使组织得到长期的可持续发展。

质量管理理论中"以顾客为关注焦点"的出发点、"全过程控制"的观念对博物馆的管理有着极其重要的现实价值，它的应用为博物馆全面质量管理提供了最直接的理论依据和实践工具，将对博物馆的管理有一番变革。可以说，构建博物馆全面质量管理体系并付诸实施，能优化博物馆的管理理念和方法，提升博物馆管理的整体绩效，最终建立社会导向型博物馆。

二、博物馆管理与全面质量管理的关系

对于作为社会文化事业的博物馆而言，科学、有效的管理是其发展的关键所在。现有博物馆素质和水平的提高，见效最快、投资最少、潜力最大的措施，莫过于加强管理。全面质量管理理论是科学、有效的管理理论，对于博物馆管理而言，它有着对应性、必要性、紧迫性、实用性和有效性的特点。

（一）博物馆开展全面质量管理的对应性

博物馆管理与全面质量管理理论有着密切的对应性，主要表现为博物馆作为非营利组织管理的特性——服务性和非营利性。

博物馆这种"以工作质量为中心，全员参与质量建设，通过提升工作质量，主动开展社会文化教育活动，提供给社会优质、优秀的文化产品，真正发挥自己的使命，发挥自己的公益性和新价值体系作用，长期持久发展"的要求，突出展现的是博物馆的社会性与社会价值，这是非营利组织的重要特点。博物馆建立全面质量管理体系是由其作为非营利组织的特点决定的。

那么，非营利组织的概念与博物馆管理的关系又是怎样的呢？

1. 非营利组织的概念及其与博物馆的关系

所谓非营利组织，是指不以营利为目的，主要从事社会公益活动，具有独立法人地位的组织。非营利组织涉及艺术、教育、政治、学术、慈善、环保等诸多领域。非营利组织的运作不以利润为目的，这通常是这些组织的主要特点。在当今社会中，非营利组织与政府部门和私营部门并驾齐驱，成为社会上主要的三股力量。

包括博物馆在内的各类非营利组织是以向社会提供公益性服务为宗旨的，这样的公益性服务体现在社会的各个领域，比如慈善、救灾、环境保护、公共卫生、文化事业、科研、教育、技术推广、农村和城市社区建设等。

非营利组织主要具有四大特点：第一，非营利组织的主要资金来源并不是它的客户。非营利组织不依赖为顾客提供服务所得收入维系生存和发展，收入主要来源于公共部门（政府）的支援和民间的捐赠。为实现其社会使命而提供服务的非营利组织，不能按照市场价值规律收费，只能有一个较低水平的收费甚至免费。第二，非营利组织没有营利目标。非营利组织是为社会提供服务，而不是获得利润。由于缺少利润这一指标，管理的系统性受到损害，管理人员常常很难在各项目标的相对重要性程度上达成一致意见。第三，非营利组织的责任、权限、利益还不是很清楚。因为非营利组织没有利润目标，难以对各部门的职责进行评价，从而导致各部门的责任、权限、利益不是十分清楚。第四，非营利组织具有特殊形式的所有权。非营利组织不能对其所有的资产权益进行出售和转让，且在某些情况下管理和处置资产权益时必须提供它们的使用情况。财政资源的提供者不期望收回或借此获得经济利益，因而非营利组织通常不进行损益的计算，也不分配纯收入。这些特点导致非营利组织在管理上缺乏方向性、主动性、科学性、系统性，不能清楚地了解自己的组织使命，不能明确自己的产品和服务对象，很难真正实现公众满意、社会受益的目标，无法保证自身持续健康的发展。

从博物馆的定义看，博物馆是典型的非营利组织，是实体性社会服务组织。它的任务是服务于社会和社会发展。博物馆同时具有服务性与非营利性两种特性。

所谓服务性，是指博物馆具有服务社会、服务公众的特性。博物馆与社会有着相互依存的关系。博物馆的基本社会角色是文化的代表、文化形象的承载，博物馆的存在，是为了服务公众，服务社会。服务是博物馆的重要职能和组织目标，其内容不但包括陈列、教育、研究，还包括满足观众休闲和文化消费需求。服务的范围不但在馆内，还可以扩展到馆外。当今，由于互联网技术的存在，博物馆的服务扩展到了地球的每一个角落。博物馆是提供公益性服务的社会机构，强调社会公平原则。公益性社会服务更多地具有公民互助和为社会奉献的意义。从社会层面来讲，公益性服务是公民和社会组织为促进社会公平、增进社会福利、增强社会发展能力和保障社会和谐而付出的努力；从个人层面来讲，公益性服务是使个人的基本权益得到保障，同时获得更多的发展机会。博物馆通过发挥社会教育服务职能可使更多的人了解博物馆。

自改革开放以来，我国经济、社会、文化实现全面发展，人民群众的物质文化生活水平有了极大的提高。进入新世纪，人们在物质生活得到保障之后，开始将目光转向文化、转向休闲、转向自身的全面发展。这些都对博物馆的服务性提出了要求。博物馆的出发点和归宿就是为社会服务、为社会发展服务。在经济全球化的时代，博物馆承担着保存和传播民族传统文化的重任，承担着促进政治文明建设、物质文明建设和精神文明建设的重任，担负着促进社会和谐建设的重任。所有这些，都需要博物馆围绕着加强以社会服务为中心的工作才能得以实现。

博物馆的非营利性表现在博物馆作为非营利组织，它的工作不追求利润，不以营利为目的。国际博物馆协会（International Council of Museums，ICOM）对博物馆的"非营利性"有着清晰的阐述：提供社会需要的文化服务和公民文化权益保障，博物馆的工作要重视社会效益，注重其工作结果，注重组织职能的实现。

然而，以"服务性"特征和"非营利性"特征衡量博物馆的工作，也有其问题所在。"服务性"是博物馆作为非营利组织的特征，但是，博物馆在提供服务的过程中存在严重的问题。例如，未认识到自身是政府形象的延伸，常出现"高高在上"的姿态，同时工作人员的服务质量不良、硬件设备的功能有待提高。随着外在环境的变化，博物馆从业人员开始认识到应摒弃传统的被动无作为的做法，在新时代应重视将博物馆的产品（包括收藏、展示、教育活动、观众服务）传递给公众，以满足公众对知识、美学与休憩的需求。

非营利组织通常不注重管理，这也是博物馆的一个特点。企业因为有生存的压力，需要在严格的市场机制下接受考验，所以必须重视顾客，不断创新，注重效率。相对而言，非营利组织因为经费来源有保障，同时又没有像企业那样的竞争压力，所以对管理并不是很重视，甚至难以建立起相应的评估指标。实际上，非营利组织十分需要科学的管理。管理的手段及效果，会直接影响到非营利组织服务品质的传递。

2. 非营利组织框架下博物馆管理的诉求

作为非营利组织，博物馆在管理上与其他非营利组织具有共同的特征，管理的基本诉求也来自战略目标、人力资源、财务、绩效、质量等方面。

如今，越来越多的博物馆在重新定位自己——以新型的组织形式、展览设计、项目编排和各种服务来适应社会及公众不断变化的要求和期盼。博物馆的目标和使命正在不断地变化，这就要求博物馆管理者和专家们对博物馆面临的挑战作出反应。这些挑战是多方面的，包括确定一个独特的吸引观众的使命，并在这个使命和外部要求之间寻找可操作的平衡点，开展有效的藏品管理和宣教推广，建立稳固的观众群和获得稳定的社区支持，保证自身的发展。

博物馆是一个具有多重目的、功能及角色的复杂组织，拥有众多项目和活动，因此，对它的使命和身份进行定义是一项颇具挑战性的工作，需要在实现多种目的与满足受众期望之间找到一种平衡。

社会对博物馆的要求是展示并解释其藏品及展览物，并使人接受。但是出于自身的使命，博物馆不能频繁地展出藏品，以防藏品损坏。它还有对藏品进行保存和维护的职责，它能做的就是吸引尽可能多的观众（在其最大承受范围内），为他们提供高视觉享受的展品，同时为人类永久保存自身发展的见证物。博物馆就是这样一个承载多重使命、扮演多种角色的特殊的非营利组织。为了更好地围绕自身使命、价值、资源开展工作，为社会公众提供服务，博物馆在运作中要以完善的管理作为保证。

高质量的管理是博物馆朝功能强大、高效有序方向发展的一个必要条件，也是博物馆满足参观者和使用者要求的必要条件。博物馆开展全面质量管理的对应性亦在于此。博物馆必须特别重视质量管理或者提高自身日常工作质量，这是其作为非营利组织的基本要求。

（二）博物馆开展全面质量管理的必要性和紧迫性

我国的博物馆在100多年的时间里，无论是在自身的建设还是在社会价值的实现上，都取得了长足的发展。但是在这样的发展背后，也暴露出一些问题。这些问题包括"博物馆资源利用效率不高，人才的专业化程度不够，公众对博物馆参与热情不足，博物馆对政府的依赖性过强，资金投入渠道过于单一，馆际的交流合作不顺，特色不够突出"等。以上这些问题，有的来自博物馆外部，更多的还是源于自身的管理建设。同时，在质量管理上也存在很多问题，需要我们认真对待。博物馆的质量是博物馆生存的基础，管理工作要围绕博物馆质量的提升展开。这就需要采用科学的方法，从博物馆的工作流程入手，逐步解决各个环节的问题，最终使博物馆有序运行，充分发挥其社会教育职能。解决各个环节的问题，在流程上控制质量，是全面质量管理的特点。因此，博物馆实行全面质量管理有着必要性和紧迫性的特点。

（三）全面质量管理理论在博物馆管理中的实用性和有效性

全面质量管理理论的实用性和有效性体现在博物馆工作的特殊性当中。

博物馆的工作涉及多个方面，具有相当程度的特殊性。博物馆的特殊性表现为两个方面：一是博物馆工作的复杂性，二是博物馆工作的"零差错"性。在这两个方面，全面质量管理理论可体现出它的实用性。

1. 复杂性

博物馆工作的主要内容不仅包含文物（标本）的征集、收藏、研究，举办各种专业的展览，进行文化传播，同时还包含与之相关的市场营销、财务管理、行政管理、安全保卫、信息技术和人力资源管理等。

博物馆是立足于人类"搜集"本能的产物。博物馆的专业人员通过田野采集、收购、接受捐赠、考古挖掘、调查等方式征集藏品及相关资料，从而保存那些有价值或可能有价值且在未来可能消失的物件。博物馆要遵循"搜集原理"：第一，博物馆无法征集所有存在的物件；第二，征集藏品时必须有选择；第三，征集的藏品仅为真实世界之摘要。博物馆藏品征集的复杂性恰在此处。博物馆要通过好的藏品来进行有效的管理，而好的藏品来自审慎的征集。好的征集需要征集者具有逻辑性和明确的计划，需要他们清楚博物馆到底收藏什么，收藏的目标是什么。物件的挑选应该由专业的研究人员在完善的收藏计划指导下进行。另外，藏品征集人员还应具备相关的法律知识并了解藏品征集原则，这包括确定征集品是否有合法的来源；如果是捐赠品，了解有没有相应的附加条件；征集品是否还具有其他潜在的用途；博物馆是否有征集品的照管能力等。这项工作需要受过专业训练的人来完成，藏品征集人员不但要了解博物馆需要什么，不需要什么，同时还要具有鉴别真品和赝品的能力以及对文物价值的判断力，了解藏品涉及的法律层面的物的要素、人的要素，并清楚地了解自己所在博物馆征集的原则和持续的程序性的藏品管理活动。这些因素导致藏品征集工作在博物馆整体工作中具有特殊性和专业性。

藏品进入博物馆后，保管人员首先要对其进行登录和编目。登录是博物馆工作人员为藏品指定永久编号的工作，编目则是将藏品根据不同学科进行归类的工作。对于征集工作而言，博物馆藏品的登录和编目具有同样的复杂性。藏品登录是博物馆正式取得物件及其所有权的记录，馆藏的每一件物件，都必须编列一个区别于其他物件的典藏编号。登录和编目需要专业的人员来完成。就像图书馆可以根据每本书的名称和专业领域进行分类，博物馆也需要为藏品做上标记并编目，以便于今后对藏品的整理与使用。藏品的登录是一项既复杂又有难度的工作。编目要具有科学性、可升级性以及易检索性。编目是判断一个博物馆的典藏方针和博物馆使命是否具有科学性的标志之一。

所有博物馆都有责任"照顾"藏品，藏品"照顾"是博物馆定义中的重要内容。由于藏品是博物馆构成的基础，而且博物馆大多被认定为永久经营机构，因此，博物馆必须给予藏品足够的"照顾"。"照顾"包括日常的清点、保护、修复和环境控制等方面。藏品"照顾"工作也具有相当程度的复杂性。该工作需要由历史、美术、生物、纺织品、金属、纸张、环境科学、建筑学等多个领域的专家共同完成。这些专家要负责藏品的日常维护、点检、清洁、修复、摄影等工作。从事该项工作的专家需要具备专业的知识。与博物馆其他工作相比，该项工作的专业性更强。

博物馆的展示工作具有复杂性。展示是博物馆工作中直接面对观众的部分，观众经常会根据展示的优劣来判断一座博物馆的好坏。而博物馆藏品展示的好坏则完全在于展览设计人员是否专业。展览设计人员必须具备较高的专业素养，不仅要对环境与不同材料有所了解，也要知道观众的需求和博物馆应提供的内容，并要能够将两者很好地结合在一起，同时，还要在设计中融入美学思想。另外，展览设计人员还要掌握观众心理，以设计最佳参观路径，提供最舒适的服务。

博物馆的教育工作具有复杂性。博物馆教育是以实物组成的陈列及其他辅助形式对观众进行的直观教育活动。博物馆面向整个社会，它的展览和其他教育活动与社会历史、社会环境、自然环境、社会政治、经济、科学、文化以及人们的生产、生活、娱乐等有着密切的联系。博物馆的教育工作要能满足人们追求各方面知识的兴趣，它不同于学校教科书式的教育。博物馆的教育活动以展览展示为基础，通过讲解、多媒体与信息技术和互动式活动等形式实现。这种教育形式是博物馆特有的，也是构成博物馆基本工作的重要内容。

博物馆的营销与推广活动具有复杂性。随着社会的发展，当代博物馆事业越来越社会化，在很多领域采取了现代企业的运营方式，以增强竞争力，促进自身社会功能的发挥。博物馆营销就是其中一项。所谓博物馆营销，就是博物馆利用营销学理论进行市场推广，在激烈的市场竞争中取得最大的社会效益和经济效益。营销本身是一种商业行为，将其运用在博物馆中，可以成为推介博物馆"产品"的重要手段。当今的博物馆都涉及营销的工作。虽然在博物馆中，它还是一项新内容，但是随着博物馆的演进，这项工作的重要性将日益突出。很多博物馆不仅出现了专门从事营销、经营管理且同时具有博物馆知识和营销理论的专业人员，还出现了相应的营销部门，负责相关的工作。

博物馆的数字化工作具有复杂性。博物馆的数字化工作是博物馆利用信息技术和互联网对藏品等进行数据采集、储存、加工利用，并对外进行博物馆信息发布和文化传播的工作。博物馆的数字化工作至少要包括：博物馆的藏品管理系统，即藏品数据库；博物馆信息基础设施；数字化图像数据库；博物馆网页和虚拟博物馆，可供观众和研究者远程登录、参观、使用。除此之外，博物馆办公的数字化也是十分重要的。在博物馆内实现局域网络办公，会使办公流程清晰、办公效率增加，从而提高博物馆运营的整体水平。但是博物馆数字化对信息技术的应用有着特殊要求：要有特定的人员对博物馆资源进行数据采集、加工、存储；要有专业的人员对网站和博物馆信息化办公平台进行技术支持和维护；

要有专门的人员对博物馆数字化工作中涉及的硬件进行维护；需要专业的人员对博物馆其他从业人员进行数字化办公的培训。由此看来，虽然博物馆的数字化工作开始的时间并不长，但它的特殊性和复杂性在博物馆各项工作中表现得十分显著。

博物馆工作的复杂性表现在它不同于一般的生产型企业有着明确的产品和明确的质量目标以及流程式的生产环节。博物馆的每一项工作最终都会形成一条工作链，这条工作链又是由多个环节构成的，环环相扣，层层递进，每一个环节都是在前一个环节的基础上，将本环节的工作内容添加到工作产出上，并提供给下一个环节。博物馆的工作具有系统性和交织性的特点。博物馆的某项工作可能会为多项工作提供服务，如藏品编目就要为管理、研究、陈列、数字博物馆、出版等工作服务；有些工作需要为多个部门和岗位提供服务，如博物馆陈列就会涉及藏品档案管理、陈列设计、工程管理、物业管理、宣传推广等，不同岗位的工作相互交织，使博物馆工作呈现出复杂性和多样性的特点。

2. "零差错"性

博物馆工作还有一个重要的特征，就是"零差错"性。这个概念来自现代企业管理中的"零缺陷"。

博物馆工作的要求是"零差错"，这是由博物馆的性质决定的，也是由藏品的性质决定的。藏品是博物馆存在的原因，藏品不但造就了博物馆的特质，也界定了博物馆存在的目的。而全面质量管理理论在保证博物馆工作的"零差错"方面也是实用和有效的。

博物馆藏品是国家宝贵的科学、文化财富，是博物馆业务活动的物质基础。博物馆对藏品负有科学管理、科学保护、整理研究、公开展出和提供使用（对社会主要是提供藏品资料、研究成果）的责任。藏品是人类历史的见证物，是不可再生的，且具有唯一性。博物馆在保存藏品以便长期使用，忠于自身使命与公众信任的同时，也必须尽可能地有效管理藏品，避免藏品的损失。博物馆工作的核心是藏品，工作的各个环节都是围绕藏品展开的。博物馆中藏品的征集、建档、分类、编目、排架、保管、保护、修复、展示、研究，都是以藏品为原点展开的，没有藏品，这些工作将失去应有的意义。但是，博物馆工作人员在这些工作中都会与博物馆藏品发生直接的接触，其一举一动都可能对藏品造成直接或间接的影响。

在开展各项活动的过程中，不允许有任何差错，一旦出现差错，就会对藏品造成不可挽回的损失。从某种程度上来说，博物馆事业是一项高风险的事业，博物馆工作人员在涉及藏品的工作环节中任何一个小的差错都可能导致重大的经济损失和人类文化的损失。为避免这种无可挽回的损失，博物馆工作人员必须第一次就把事情做好，并且在工作的每一个环节都要保持高度的责任心。为了达到"零差错"的目标，博物馆工作人员需要从工作目标的设计开始，立足于高起点、新要求，精益求精；所做的每一项工作都必须保证一次性成功；每一项工作完成时都要保证下一步工作的正常开展；在各项工作之间要设置必要的质量控制点，对工作过程的质量状态进行监控，使博物馆各项工作都能顺利进行、圆满完成，从而形成良性循环。

博物馆与观众之间的活动要求"零差错"。博物馆通过藏品展览或其他形式的文化产品满足来自社会的文化需求，为人们提供休闲场所。博物馆向社会公众提供的服务是无形的。服务产品质量的显现和服务产品的形成是同时的，这就导致博物馆向社会提供的服务是不可逆转的。在这个过程中，出现一次失误或差错就会导致这一次的服务以失败告终，博物馆的公益性核心价值体系就无法得以发挥。

由此可以看出，博物馆的工作具有明显的"零差错"要求。这就需要博物馆工作人员在开展工作前制订周密的计划，严格按计划执行，并及时检查和纠正偏差。这个流程和全面质量管理中的 PDCA 循环过程相符。从这个角度看，全面质量管理的工作方法在博物馆的运行中是实用而有效的。

对于博物馆工作的复杂性和"零差错"性要求而言，全面质量管理理论的应用对博物馆管理工作来说是实用和有效的。

第三节　博物馆全面质量管理与动态管理

一、博物馆全面质量管理的构建

全面质量管理理论以用户为中心，通过全过程控制实现质量的持续改进。它不但在制造业中获得了成功，在国外一些博物馆中也取得了良好的实践效果。

当今世界，文化在国家发展战略中的地位日益凸显，成为综合国力的重要标志，是国家的软实力。博物馆作为国家公共文化服务体系的重要组成部分，在保障社会公众文化权益及对社会公众进行终身教育上具有特殊的意义，在国家文化建设中占据着举足轻重的地位。

但是，在当前事业单位管理模式下，我国博物馆的组织结构与运行方式混同于一般事业单位，呈现出无视自身公益性特征的管理"泛行政化"，发展目标不清晰，运营效率低下，管理者自觉意识不够，缺乏科学理论支撑，管理、运营和服务质量跟不上社会对博物馆的需求等缺陷。因此，国家提出了博物馆事业要从数量增长向质量提升的发展目标。从博物馆发展的目标要求看，加强管理、提升质量是当前的紧迫任务。但是，如何提升博物馆的质量和运行效能，又是当下博物馆人面临的现实问题。摒弃空谈，将长期形成的管理经验凝练成理论，借助适宜的管理工具，结合我国博物馆的特性，构建一种可行的管理方式，应当成为我国博物馆发展的要务。目前，在众多的管理理论和管理工具中，全面质量管理理论（体系）与我国博物馆质量提升的诉求有着较高的对应性，将全面质量管理的原理应用于我国博物馆的实际工作中，提升博物馆质量，是一个可行途径。

（一）质量管理要强调"以顾客为关注焦点"

一个博物馆要良好地运营并不断地向前发展，就必须了解它的"顾客"在当前和未来有什么样的需求，通过不断地努力，持续满足"顾客"的需求并争取超越"顾客"的期望值。满足顾客需求，以提高顾客满意度为组织努力目标，是质量管理的核心问题。

对于一个组织来说，要满足顾客的需求，首先需要进行顾客识别。简单地说，顾客识别就是要求组织清楚地认识到"我的顾客是谁"。博物馆是指向社会、指向公众的，那么它的顾客就是社会公众。博物馆的外部顾客就应该是从博物馆运营中受益的社会公众，而它的内部顾客则是参与博物馆管理与运营并在博物馆内提供最终产品的博物馆工作人员。博物馆开展质量管理，总体上应以社会公众对博物馆的满意度为关注焦点，而在博物馆内部则要求每个部门都要为其产品消费的其他部门提供令人满意的产品和服务。"以顾客为关注焦点"对于博物馆实施全面质量管理而言非常重要。博物馆在提供服务时，要关注来自社会公众的要求和期待，要尊重来自公众的声音，保证博物馆的管理目标与社会公众对博物馆的期待一致，同时，还要和社会公众畅快地沟通，及时评估社会公众对博物馆提供的展览以及各种文化传播产品等的满意程度，并对其结果进行快速回应，真正践行"为社会公众服务、对社会公众负责"的博物馆目标。

在博物馆内部，虽然有些部门并不直接参与为社会公众提供服务，如财务、人力资源、后勤保障等部门，但它们会为其他部门提供所需的经费和办公用品，参与员工的录用、考核和奖惩管理，因此对博物馆的运营也起着举足轻重的作用。博物馆作为一个行为整体，不仅在对外部提供全局性服务时需要开展质量管理，在对内部的局部性服务中同样需要开展质量管理，也同样要"以顾客满意度为关注焦点"。积极的内部服务是优质的外部服务的基础和保障，而良好的内部服务环境需要全体博物馆工作者积极营造和全力维护。这就要求博物馆内部的工作人员共同树立"以顾客满意度为导向"的观念，为他人提供满意的"产品"，并将自己作为服务对象来审视服务内容和标准，在工作中构建良好的组织文化。

（二）将全员参与作为博物馆开展质量管理的重要保障

每个职工都是博物馆组织的基本构成，只有他们发挥自己的才干充分参与博物馆的组织建设，博物馆才能更好地发展。

开展质量管理要强调全员参与和领导的作用。博物馆全面质量管理要求领导层考虑相关方的需求，建立正确的质量方针和体系，建立信任，消除忧患，强化博物馆在整体层面上的质量意识，让全体员工重视质量，对质量建设有自觉性和紧迫感，提供必要的资源，开展员工质量培训，赋予员工在职责范围内的自主权。

在质量管理中，博物馆工作人员的参与不能只是简单地接受工作命令，博物馆要鼓励他们思考，通过管理让他们积极参与整个博物馆的运作过程。为此，博物馆应该强化员工对管理文化的认知程度，使员工明白自己贡献的重要性及其在博物馆运行中的作用。博物馆要激励员工找到正确的方法来解决工作中的问题，并承担相应的责任；同时，结合员工各自的目标和制约因素，客观评价其工作效能并为他们创造一个宽松的工作氛围。

博物馆的领导者应确保馆内的每个人都知道自己该做什么，要使博物馆的全体员工都参与博物馆的管理，以保证和提高博物馆的运营质量。

（三）通过对工作进行"全过程控制"来实现博物馆绩效

质量管理理论认为，通过"过程"可以实现和它对应的任何活动，控制被看作过程的"活动"，能够在更大程度上获得所期望的结果。利用对过程的分析、控制与改进，会使对质量产生影响的一切活动和一切环节得到优化，最终得到高质量的产品和服务。对于博物馆的质量管理而言，过程控制也非常重要。博物馆必须把所有活动和相关资源作为过程进行管理，以便提高服务公众、服务社会的质量，得到期望的结果。

所谓"全"，是从系统论的角度考虑博物馆的各项工作（过程）。在博物馆的管理中，"系统理论"很早就被提出，并被大家关注。系统论认为，客观事物是由各个相互联系、相互作用的要素按照一定结构、一定层次、在一定环境下构成的整体。将相互并联的过程作为一个系统来识别并加以理解和管理，以促进组织的进步，提高效益和效率，被称为系统控制。在过程管理中实施系统控制，可以促进目标的实现，而协调各个工序的操作，减少浪费，缩短时间，可以降低成本和损失。系统控制的原则应体现在博物馆质量管理的各个方面，尤其要体现在建立和实施质量管理体系当中。博物馆整体就是一个庞杂的系统，内容涉及保管、展示、宣教、研究、行政等方面的工作，每个内容作为一个单元都和其他单元相关联，形成一个总的集合。要对某一个单元进行控制，就需要从全局出发，通过对整个系统的把握和调控，实现对一个单元的调整。另外，博物馆工作中的"过程控制"也十分重要。博物馆的工作是环环相扣的，后一项工作是以前一项工作为基础展开的，因此需要前面的工作有好的结果。只有对每个工作过程都进行质量控制，才能做到及时纠正偏差，保证工作顺利有序地完成。全过程控制中提及的系统控制和全过程控制中的过程控制是相互联系但又有区别的方法。系统控制强调对整个组织系统的集中控制，全过程控制则是将管理的重点放在了过程中。换句话说，系统控制是一种宏观领域的控制论，全过程控制则属于微观的范畴。博物馆工作的宏观和微观控制，能够使博物馆更好地运行，从而得到优良的绩效。

（四）以持续改进作为博物馆质量的永恒目标

质量管理理论认为，质量的持续提升是一个螺旋式向上攀升的过程，因此，要不断地完善、改进质量，不能在已有的水平上停滞不前。博物馆全体人员也不能仅满足于已经取得的成绩，要有不断改进质量的意识，不断制定改进措施，使博物馆的产品质量得以提升。

作为非营利组织的博物馆，其最终产品——"面向社会公众的服务"容易受到外来因素的影响。博物馆需要持续不断地推出好的展览，提供好的文化产品和优质的服务，并开展更深层次的学术研究和教育活动，以满足公众对博物馆越来越高的期待。但是，博物馆自身的非营利性和工作的特殊性决定了其产品质量存在多种不确定性影响因素，博物馆很难预测自身规划实施的结果。因此，不断提高、持续改进是博物馆提升服务质量应注意的问题，只有不断改进才能更好地完善自我，进而满足社会对博物馆的期望，发挥博物馆的公益性核心价值。

博物馆要追求质量的持续改进，首先应对管理者提出要求。管理者要在博物馆的整个范围内营造持续改进的氛围，并开展有关质量管理的学习教育活动。对持续改进思想的宣传，可使博物馆全体工作人员认识到质量管理对博物馆的重要意义，从而使他们将持续改进产品、过程和体系作为工作的目标。同时，对于持续改进的结果，要进行跟踪测量并处理相应的反馈。在博物馆中，管理层要通过一定的沟通渠道并使用一些激励机制鼓励工作人员主动地、毫不避讳地讨论他们所关心的问题以及如何做好后面的工作，这样就能够及时地发现博物馆管理工作中存在的问题，并采取措施予以纠正。

博物馆领导层应当广泛、认真地听取来自各个方面的不同声音。这些意见对博物馆的持续改进具有很好的促进作用。在这个基础上，借助质量认证工具，可以促使博物馆更顺利地实现改进，提升质量。

综上所述，对于博物馆管理而言，全面质量管理是一种行之有效的管理模式，可以帮助博物馆提升运行质量并保证其长期健康地发展。在今后的发展中，中国博物馆要实现质的提升，就需要构建"以社会公众的满意度作为关注焦点、将全员参与作为管理保障、通过对工作进行'全过程控制'来实现绩效、以持续改进作为永恒目标"的全面质量管理模式，并积极实践、科学管理，从而形成优质的博物馆"产品"，向社会公众提供满意的服务。

二、博物馆的动态质量管理与业绩改进

（一）实施动态质量管理

博物馆外部的社会公众和社会的影响以及博物馆自身工作特点的影响，使得博物馆的质量管理呈现动态变化的特点。博物馆要在社会教育和提供公众文化消费的领域取得好的成效，就要采取动态模式对博物馆质量进行管理。博物馆的动态质量管理可以被理解为博物馆在管理过程中，通过对外部环境的预测和对内部质量数据的分析，对博物馆的质量策略、管理手段进行适时调整和监控，从而对质量目标和计划进行补充和修改。换句话说，也就是要根据博物馆内外部环境的变化及时调整博物馆的运行思路和管理方式，以适应社会环境和公众需求的不断变化。博物馆运行质量的提高，在很大程度上需要通过主动开展质量管理来实现。

从 20 世纪 90 年代开始，西方国家将全面质量管理的理论引入博物馆管理工作，并付诸实践，使其成为博物馆提高自身品质的重要工具，使博物馆从服务内容、服务标准、服务程序等方面获得改善，提高了公众对博物馆的满意度，为博物馆的发展拓宽了空间。进入 21 世纪，我国也有少数博物馆和研究人员提出了博物馆全面质量管理理念，并进行了初步的实践。这些关于博物馆全面质量管理的理论和实践为我国博物馆开展全面质量管理工作积累了经验。当代博物馆指导思想的转变与博物馆理论的演进为我国博物馆开展全面质量管理提供了条件。政府立足于对经济社会协调发展和人的全面发展的促进，高度重视公共文化服务体系的建设并不断地加大财政投入的力度，同时鼓励社会力量积极参与，大力提高我国公共文化产品的供给能力，努力保障人民群众的基本文化权益。这就要求博物馆在继承和发扬中华优秀传统文化的基础上，进一步解放思想，深化改革，创新服务运行机制，激发内在活力，提高服务水平，最大限度发挥博物馆的社会效益。在这样的指导思想下，我国博物馆开始积极导入先进的理念，在改善管理、提高绩效方面做了很多工作，顾客导向、竞争导向、质量意识已经在我国博物馆界产生了影响。在博物馆学研究领域，我国也取得了一系列的成果。建立博物馆评估定级机制，对博物馆运行进行评估，为博物馆制定一系列的标准，这些都为我国博物馆事业的发展提供了动力，为博物馆实施全面质量管理提供了条件。另外，随着信息技术的发展，很多博物馆开展了自动化办公，这也为全面质量管理提供了便利。

对于博物馆而言，强化过程管理是对其质量进行改善、提高绩效的重要途径。博物馆的质量是一个客观存在的问题，并且普遍地表现在博物馆质量管理的过程中。博物馆的质量管理过程大致可以分为博物馆的质量管理决策、决策的执行与实施、执行效果的检查三

个部分。质量的测量和改进也包含在这三个部分之中。

1. 科学地进行质量管理决策

博物馆的质量管理决策是博物馆为提高工作质量、实现其公益性核心价值而制定目标、选择方案、制定政策，从而设计和策划工作内容的过程。当前，我国博物馆的决策系统还未实现科学化、民主化，这严重制约了质量管理决策的进行，而质量管理决策作为博物馆质量管理的首要环节，管理决策水平直接影响到博物馆全面质量管理的整个体系。因此，必须首先抓好质量管理决策关。这就要求在博物馆中树立正确的质量管理决策价值取向和质量目标，完善质量管理决策体制，优化决策机制。

博物馆主动开展质量管理，首先要在质量管理决策过程中树立正确的、科学的价值取向和质量目标，这是博物馆实施全面质量管理工作的关键。博物馆是为社会公众提供服务的机构，它的工作质量将直接影响到其公益性的发挥。博物馆在进行质量管理决策时，要注意以下几点：

首先要考虑社会效益，要从全局出发，始终坚持公益性，并采取民主决策和参与决策的形式，尽量满足社会公众的需求，最大限度保障公众利益。要满足公众需求，就要在进行质量管理决策时，科学把握公众的需求结构。第一，要把握公众对博物馆需求的多样性，即根据年龄、种族、文化、性别及不同区域的差异，在调查研究的基础上把握公众的共同需求和特殊需要。第二，把握公众需求的层次性。不同人群对博物馆产品有不同的需求，即使是相同的人群，对博物馆产品的需求也有高有低。进行质量管理决策时，要对公众需求的各个层次进行分析，把握最集中、最主要、最迫切的需要。值得注意的是，公众对博物馆的需求是动态的，因此，对公众需求的把握也要是动态的，要主动地、动态地分析公众需求的发展趋势，掌握公众的潜在需求。在质量管理决策中，要对公众需求的合理性、可满足性进行评判，科学合理地整合公众的个体需求并进行融合，使其转化为博物馆质量管理决策的工作目标和价值追求。

其次，由于目前我国的博物馆存在着决策结构专业化分工程度不高、制度化程度低、偏重经验决策、决策过程封闭以及缺乏自我修正与调节机制等弊端，因此博物馆应主动开展质量管理，要在质量管理决策过程中完善决策机制。

博物馆要完善质量管理决策机制，就需要有健全的决策支撑系统，科学地纵向划分决策权限，构建层级目标，明确博物馆各个部门在决策中的作用，并以制度形式加以确认。

完善质量管理决策机制不但要发挥博物馆领导者在决策中的作用，还要完善行政决策团队。该团队需要由博物馆行政和业务领域的专家构成，他们负责在博物馆内外进行调研，为决策者进行规划和论证提供支持，需要为他们提供相对宽松的研究环境，使他们能够为博物馆决策层提供客观真实的信息和相对可行的方案；同时，要加快博物馆信息化建设，提高办公效率，降低管理成本，为博物馆质量管理决策收集相关的信息，并保证决策系统能够及时、准确地将信息自上而下地传递到每个成员身上，作为他们工作的原则和目标，最终实现决策所规划的内容。

最后，要优化博物馆质量管理决策机制。这里包括两个方面的内容：一是确立目标评价机制，二是优化信息沟通机制。目标评价机制作为博物馆评价的一个要素，对博物馆的正确决策起着至关重要的作用。目标评价是要求博物馆根据现有的人力、财力、物力、机构划分和内、外部"顾客"的特点，对博物馆决策的适用性、合理性进行评价，提高决策的科学性。该评价机制是在博物馆自身评价的基础上建立的，需要借助博物馆中各个领域的专家来完成。优化信息沟通机制是建立在博物馆信息化基础上的一项工作。博物馆需要建立良好的沟通方式，如通过经常性地开展问卷调查、开办网上论坛、举办志愿者联谊会等形式，从各个渠道搜集相关信息，包括内、外部"顾客"的需求信息及对博物馆的意见，政府和其他机构对博物馆的意见，博物馆志愿者及自身员工对博物馆的期望等，最终通过信息整合与分析，为博物馆质量管理决策提供支持。

2. 博物馆质量管理决策的执行与实施策略

博物馆质量管理决策的执行与实施是博物馆主动开展全面质量管理、提高博物馆运行效率的重要环节，是提升博物馆质量最直接、最经常的活动。如果全面质量管理决策的执行出现问题，则会影响博物馆质量目标的实现；如果出现不恰当的执行方式或不规范的执行行为，则有可能导致原定的方向在执行过程中产生偏离或偏差，进而对质量管理的整体局面产生负面的影响。博物馆全面质量管理决策执行与实施的过程，从最后确定决策并实施决策开始，到最终实现决策目标结束。这个过程大致可以分为三个部分，这三个部分包括准备阶段、执行阶段和总结阶段。博物馆开展全面质量管理的实践，就是从这三个阶段入手的。

第一，科学的决策。博物馆运行质量得以保障的关键就在于能够正确地执行决策计划。科学的方法与科学态度的选择，是正确地执行与实施决策工作要一贯坚持的。保持高度的原则性也是决策实施中所要坚持的。要忠实于决策本身所规定的控制对象和作用范围，严格按照质量文件规定的内容开展工作。但是在执行过程中，针对不同的工作和不同的环节，执行的方法可以是灵活多样的。要根据具体情况选择具体的工作方法，提高决策执行的针对性和有效性。由于博物馆工作具有特殊性和复杂性，因此，全面质量管理实践具有分工细、参与人员多、连续性强、协作复杂的特点。要将博物馆内各个环节和各个质量要素整合成一个有机的整体。第二，做好思想工作，动员全员参与。博物馆全面质量管理实施工作具有一定的复杂性，需要博物馆各个部门的每一位员工参与其中，协作完成。这就要将通过做好博物馆全面质量管理来提升博物馆工作质量的思想切实传达给每一位博物馆工作人员，使所有人员达成共识，以便他们真心地理解和支持这项工作。博物馆的工作环环相扣，相互依存和制约，只有做好统一的指挥和协调才能够保证全面质量管理工作的有序实施。第三，严格地进行检查和控制。控制存在于博物馆全面质量管理决策执行的各个阶段、各个环节。博物馆全面质量管理决策的实施过程是动态的，不确定性存在于诸多相互关联的要素和要素之间。因此，需要不断地修正执行情况，并对程序加以控制，使决策的执行过程与程序保持步调一致。进行控制的主要方法就是对过程进行检查。如果检查得不够严格细致，就不可能真正有效地进行控制。

3. 开展全面质量管理的实践总结

对全面质量管理决策实施过程中的工作进行总结是该决策的最后一步，也是另一个决策的开始。博物馆在实施一轮全面质量管理工作后，要认真总结，这对开展下一轮的质量管理决策具有重要的意义。博物馆应通过对实际社会效果进行调查，对整个质量管理过程进行评价，肯定成绩，总结经验，查找疏漏和错误，并提出整改意见，将其带入下一轮的管理活动中。这一套工作流程要在动态过程中进行改进和提高。

（二）加强业绩改进

博物馆在建立质量管理体系后，要持续不断地完善其服务质量，也就是要改进质量管理体系运行的有效性。博物馆要根据自己的性质、任务、服务对象的特点，制定相应的质量业绩改进目标。该目标至少应当包括四方面内容：一是面向公众的服务质量稳步提高；二是公众满意度上升，收到更多好的评价；三是质量管理体系不断改进和完善，风险意识增强，偏差纠正和预防措施有力；四是员工责任心和目标意识加强，为实现博物馆质量方针、目标积极努力。

1. 博物馆质量管理业绩的影响因素

在博物馆质量管理体系中，持续改进博物馆服务、不断向社会公众提供优质的产品、提升社会公众满意度是博物馆的业绩改进内容。博物馆运行的根本目的在于满足社会对博物馆的服务需求，其运行的真正动力应当来自社会和公众。近年来，政府加大了对博物馆的投入，博物馆在保障公民文化权益、向公众提供优质文化服务方面的责任不断加重，其社会身份也要随之转变。社会需求、公众愿望成为主导博物馆工作的要因，这就促使博物馆要不断思考如何应对当前博物馆的任务变化。提高工作质量、以优质的服务保障公民文化权益、满足社会公众需求、超越社会和公众对博物馆的期望，是博物馆的工作目标。而博物馆要实现这些工作目标，必须不断地改善质量管理业绩。

但是，影响博物馆质量管理业绩的因素很多、很庞杂。博物馆的社会属性、博物馆产品及其质量的特殊性、博物馆活动过程的复杂性、博物馆质量目标的模糊性等都影响着博物馆对质量管理业绩的改进。

与企业不同，博物馆是非营利组织，它的产品是面向社会公众的服务，社会效益和环境效益是其直接的产出，经济效益则是其间接产出。博物馆的终极目标是公众利益最大化，它的收藏、展示、研究等一系列工作带有强烈的公益性色彩，行为结果则是实现博物馆的最终产出——为社会提供丰富的"文化大餐"。由于博物馆提供的产品是无形的，它的价值无法直接被看到，这使得对其产品质量的评价有一定的难度。博物馆业绩的不明显性或者说是模糊性，为其改进管理业绩带来了一定的困难。

博物馆的最终目标是实现社会和社会公众的利益最大化，这样的目标更多的是建立在主观感知的层面上。它不像一个企业，在制定目标时可以明确地提出合格品占总产品的比例、改进后提升的百分点等严格而清晰的数据。博物馆的质量目标是否实现，主要依靠的是人的评价，所以，对博物馆业绩的评价是否准确是一个博物馆质量管理目标能否实现所面临的问题。正是因为博物馆的质量管理目标不够清晰，其业绩改进才存在困难。

博物馆的产品及工作过程大多没有统一或者严格的标准，虽然国家也制定了相关的评估办法和标准，但是由于博物馆及博物馆工作的特殊性，很多标准执行起来有一定的难度。博物馆提供的服务是无形的，同一个服务过程对于不同的受众来说，其质量感知也会有差异，这些感知上的差异也为业绩改进带来了困难。

2. 业绩改进是博物馆工作发展的要求

博物馆的工作发展要求博物馆不断地改进业绩。当下，博物馆已经成为我国文化体系中的重要构成，而对于博物馆事业的发展也属于社会主义文化建设的重要部分，但是多方面因素的影响和制约，导致当前的博物馆在发展过程中存在着各种各样的问题。概括来说，问题主要包括：第一，博物馆的公益性效能发挥不足。虽然博物馆属于收藏以及保护人类历史和自然环境所产生物体的服务机构，但是其在整体教育作用上缺乏相应的优势。比如，缺乏相应的展陈水平，整体模式过于单一，缺乏相应的产品开发与服务，工作开展无法满足免费开放之后人们对于博物馆参观的实际需求。第二，管理工作较为粗放，存在过多安全漏洞，且缺乏监督机制。如果不能及时对博物馆内部的管理工作质量进行提升，不能处理好各方面的关系，就会导致管理工作在开展过程中产生各种各样的问题，从而影响博物馆的整体发展。第三，经济功能难以体现，使博物馆在市场经济环境下缺乏相应的生存意识和发展能力。博物馆的经济功能逐步弱化，会影响到其文化的影响力以及自身的经济发展。这些问题是博物馆工作质量不到位的集中体现。长期以来，博物馆一直处在文化事业单位体制下，在这种行政化的状态下，博物馆工作的质量观念被弱化，各项工作以维持博物馆正常运行为目标，最终导致博物馆工作与社会脱节，出现了公益性得不到发挥、管理矛盾突出、经济开发无序等问题。另外，随着社会的发展，公众的文化消费水平不断提高，博物馆不可能像以往一样在不同的时间提供相同的服务，而是需要提供更多的高质量的文化产品，以更好地满足公众的文化需求。当今博物馆要想在新的文化形势下不断地向前发展，完成其担负的使命，就需要建立质量管理体制，不断检视自己的工作，找出不足，进而采取相应的措施，改善工作业绩。只有工作业绩不断地改善，博物馆才能逐步解决博物馆现在所面临的诸多问题，保证自身公益性核心价值的发挥，进而更好地服务于社会公众。

3. 博物馆质量管理业绩改进的方法

在博物馆开展全面质量管理实践中，要实时对博物馆管理质量进行监控，发现问题及时处理。博物馆领导层应切实履行管理职责，从科学管理的角度主动建立全面质量管理体系，提高博物馆的管理效率，从强化过程管理视角出发，在动态中不断提高博物馆质量。

要认识到影响博物馆质量管理业绩的因素来自社会、产品、社会公众、过程等方面。在博物馆管理中，业绩改进是博物馆工作发展的要求。博物馆在全面质量管理实践中，要克服畏难情绪，充分认识到博物馆开展全面质量管理的可行性。ISO 9000 族标准可为博物馆全面质量管理提供理论依据和实践工具。同时，国内外博物馆的管理实践以及基于这些实践经验的观念和技术转变，为博物馆全面质量管理提供了动力。另外，加快制度创新，坚持以人为本，发挥博物馆建设全面质量管理体系的主动性，可使博物馆全面质量管理体系得到完善和发展。

第二章 博物馆陈设设计与形象树立

第一节 博物馆陈设艺术设计

一、陈设艺术设计的特征

"陈设艺术设计"这一概念，从字面组成序列看，它是由三个词组成的，分别代表三个层次的意义。陈设——艺术——设计，"设计"是该词的主体，是核心；"陈设""艺术"二词则是确定"设计"一词的属性、对象与范围。

设计的本质含义是什么？在英文词典中，设计有两个层次的含义：第一层含义是计划和谋划；第二层含义是设计、构思。这两个层次的含义，都是指属于思维范畴的活动，谋划、设计、构思等行为都应该具有对象目标，而且只体现在对象目标实现之前的一系列过程中。所以，设计可以理解为是一种思维活动的过程。如果这样解释可以成立的话，那么就可拿它来印证陈设设计全部工作内容和过程。博物馆陈设从确定陈设主题起，经历收集资料、编写陈设大纲和展品目录到构思陈设艺术方案、拟订实施计划，再到陈设项目的最后实现之前的一系列工作，都是思维活动的过程。陈设艺术设计仅是整个思维活动过程中的一个"段"，在这个"段"中又可划分出许多前后衔接的小段，形成工作序列。例如，构思方案、作草图，进行方案比较、筛选和优化，扩充方案的修订、施工图制作，从确定陈设艺术总体风格、陈设方式、陈设设备造型、色调与灯光照明的配置到具体展品的陈设组合、装饰手法等，也都是一系列思维活动的过程。陈设设计思维成果，最后由两件东西体现出来：一是设计文件（文字和图纸）；二是陈设的实体。它们都是设计作品，是思维活动的物化形式，也是思维活动的终极产品。

人类思维活动的表述可以用声音、语言、文字，也可以用动作或绘制图像，设计思维的表达主要是用文字和图式手段。陈设设计在内容设计阶段主要用文字表达设计思维，产生陈设计划、陈设大纲，在形式设计阶段则需借助绘制图像来表达设计构思，使用的是造型艺术的手段，产生各式图纸。造型艺术手段的运用越是符合艺术的形式法则，越能把设计思维表达得充分、完整和形象，取得鲜明、生动的艺术效果。我们在"设计"一词之前冠以"艺术"，成为"艺术设计"，表明这一思维的特性，它具有美学因素的艺术造型探索的属性。

"陈设"一词是对艺术设计的任务、对象目标的界定。这是一个定性语，它含有双重的作用：一是表明艺术设计是为实现陈设这一目标服务的，从属于博物馆陈设总体工作的范畴，"陈设"是艺术设计思维活动的出发点，是依据，也是归宿；二是表明艺术设计思维活动自始至终是受博物馆陈设原理法则的指导和制约的，陈设艺术设计虽可等同于一项艺术创作，但不是设计师可以随心所欲的，它必须遵循博物馆学原理，受其指导和制约。这种指导和制约非但不会压制或阻碍设计师艺术创造力的发挥，相反可起到相辅相成的作用。譬如艺术创作需要灵感，陈设艺术设计的灵感从哪里来呢？它只有从深入研究陈设的主题思想内容、展品中去求觅，只有对陈设内容、主题结构、展品内涵做到非常熟悉、非常了解了，艺术设计思维才能获得自由翱翔的天地，创作灵感也油然而生。如在这点上不下功夫，设计思维便会枯竭；下的功夫不到家，即便完成了设计，也不能成为好作品。

综上所述，设计的本质是一项思维活动的过程，设计思维活动具有美学因素艺术造型的特性。艺术设计产生陈设艺术，陈设艺术只依附和存在于博物馆的陈设，它是以博物馆藏品为物质基础的，以博物馆学理论为指导的，以造型艺术的法则原理为组织手段的，通过对陈列室建筑环境的空间处理、展品组合的艺术构思，用工艺施工的技术，创造出展示的空间艺术。如果离开了博物馆陈设，就失去了陈设艺术产生和存在的条件。

陈设艺术不是"纯艺术"创作，它是服务于文化教育、审美鉴赏和信息传播的展示实体的，陈设艺术虽依博物馆陈设而建树起来，但它却是一门新兴的独立艺术，如同绘画、雕塑艺术一样，陈设艺术创作——陈设艺术设计，其创作思维、方法、表现手段，与"纯艺术"创作不同，有其自己的特征。我们弄清这个问题，将有助于规范我们的设计思想和方法，有助于提高设计实践的水平。陈设艺术设计的特征是：双重思维的特征、设计多维性的特征和综合艺术的表现特征。

（一）双重思维的特征

陈设艺术设计需要运用形象思维与抽象的逻辑思维。在设计实践中，这两种思维活动是双向、交叉进行的，表现为相互制约又相互促进，既矛盾又统一。设计作为艺术创作，必须运用形象思维，并通过艺术手段把构思设想中的东西用图像形式表现出来。但设计形象思维活动与纯艺术创作中的形象思维活动方式不同，设计的形象思维活动自始至终是受理性的逻辑思维制约的，同时它又能促进形象思维的发展，使设计思考逐步趋向深化、完善。特别是当设计方案进入优化阶段，或当艺术形式的审美要求与现实的技术产生矛盾的时候，这种既相互制约又相辅相成的关系就表现得更加突出。它表明设计创作的形象思维必须要善用逻辑的理性思考的辅助，并在它的作用下促使设计方案走向完善、达到成熟。在设计实践中，当遇到以下五个方面的问题时，需要特别注意运用理性思考来处理好这些关系。它们是：

陈设内容、体系结构、展品性质、特点及其组合序列与总体规划及陈设艺术的探索之间的关系；

陈设功能要求的因素、技术因素、经济因素与各项陈设设备造型设计、选材、结构设计等的取向之间的关系；

陈列室建筑空间状况、采光方式、环境因素与陈设总体布局、空间利用、参观路线安排、陈设组合及文物、标本安全保护措施之间的关系；

博物馆消防规范、安全防盗设施与陈设空间分隔、艺术处理、设备选材与构造等涉及技术、经济问题之间的关系；

经费预算与各项目设计和实施的造价调控的关系。

（二）设计多维性的特征

现代陈设艺术设计的技术与物质构成因素是十分复杂的，这就决定了陈设艺术设计内容的多维性。陈设艺术设计的核心内容是陈设的组合设计及与其相辅的陈设表现手法的探求，围绕这一核心展开的有陈设的视觉环境设计、陈设设备设计、音响效果设计及高科技传媒设计等。内容如此庞杂的设计任务，除需要发挥陈设艺术设计师主力军作用外，尚需得到相关专家、工程技术人员的支持配合才能完成任务。就陈设艺术设计本身所涉及的知识与技术的门类来讲，也是多学科的。首先是博物馆学与造型艺术原理，这是构成陈设艺术设计基础的学科知识，与之密切相关的学科还涉及现代传播学、建筑学、人体工程学、工艺学与材料学等。现代心理学中的教育心理学、传播心理学、建筑心理学、色彩心理学等知识对于指导和丰富设计思想也大有裨益。一门陈设艺术设计包含如此众多的设计内容，涉及如此众多的学科知识，恐怕是其他艺术设计门类所少有的。所以，设计的多维性，是陈设艺术设计的另一特征。

（三）综合艺术的表现特征

陈设艺术是一门综合性的空间艺术。陈设艺术设计几乎囊括了所有造型艺术的手段，集绘画、雕塑、工艺美术、建筑艺术于一身。此外，属于时间艺术的音乐，也融进了现代陈设艺术，利用音响效果，创造特定的陈设意境。现代影像艺术融入陈设，丰富了表现手段、拓展了知识信息的输出量，使静止的文物、标本组合陈设得到了形象的表现，且不占用陈设的空间与时间。如此看来，陈设艺术不仅是综合性的空间艺术，还有时间艺术的双重表象。

论述到陈设艺术设计特征的时候，还不能忽视陈设艺术与展览艺术之间的区别。我们在运用"陈设艺术设计"一词的时候，常常还在词前加上"博物馆"这个定性的名词，就是要表明博物馆陈设艺术有区别于一般经济或商贸的展览艺术设计。诚然，作为总的展示艺术来理解，博物馆的陈设艺术与展览馆的展览艺术是有其共性一面的，但又有其特殊性。所谓共性，二者之间都有相同的设计工艺流程，施工制作也都需要用同样多种的工艺技术、物质材料，同样需要创造特定的展示空间。所谓特殊性，是因为二者的设计思想、设计原则，是不尽相同的。例如，博物馆陈设都要表现专业学科的学术体系，陈设主题结构所确定了的展品组合关系、陈设的序列，是不能随意增减或置换的，并且要反映其内在的逻辑关系。这些要求都构成了对陈设艺术设计有较为严格的制约关系，而经贸方面的展览，则不存在这种设计上的制约。博物馆陈设的艺术形象，一般要求简洁、清新，艺术风格崇尚朴素典雅，而展览艺术常取富丽华藻的艺术格调以烘托市场经济的繁荣，渲染科技成就的辉煌，二者是迥然不同的。博物馆陈列室是文物、标本藏品在公开展示时的保藏所，陈设设计要十分关注文物、标本特殊的安全保护和管理，涉及一系列相关的技术运用，而展览设计对展品的保管只要求做到普通的防盗报警即可。凡此种种，都说明了博物馆的陈设艺术设计与展览馆的展览艺术设计性质、要求上均有其不相同的地方，设计师在工作实践中尚需正确认识，区别对待。

二、陈设艺术设计的任务

博物馆从收集、保藏为主要职能的时代开始，经过漫长的岁月，发展到 20 世纪中叶，现代博物馆应具备的各项职能已臻完善，并从那个时期开始，又有了新的开拓，这就是有计划、有目的地广泛参与国际文化交流，并为发展国家旅游事业提供旅游资源，特别是当今把世界看成是一个"地球村"的时代，增进各国人民之间相互了解、促进经济文化全面交流，就更有迫切的需要，而博物馆正好承担起这样的任务。在这样的前提下，更深一层的开发博物馆职能，发挥其社会效益，自觉参与国际文化交流和为旅游观光事业服务，在博物馆界也已形成共识。博物馆陈设则是参与和提供这类服务的主要形式和主要场地。在国际文化交流中，博物馆陈设是看国家历史文化的窗口，也反映本身收藏水平、学术水平和教育水平，陈设的学术涵养和艺术气质直接反映一个国家、民族的精神面貌。我们博物馆工作者对于搞好陈设的意义和作用，应该有足够的认识。

陈设活动在博物馆历史上第一次出现时，就是带有一定的功利目的的，只是早期的功利目的是十分含糊和不是很确定的。现代博物馆陈设则是具有明确的高层次功利目的的，这就是通过陈设向社会提供文化教育服务、学术研究服务、国际文化交流和旅游观光服务。为了很好地向国际、国内社会提供这样的服务，因此，在筹办陈设时必须从陈设内容到陈设的艺术形式进行精心地策划、设计、研究，必须建立起规范的工作程序与方法，制订完整的工作计划，采用先进的技术，来保证陈设的学术质量和艺术质量，使布置完成的陈设成为展示国家历史文化的窗口，既是传播人类智慧的源泉，又是陶冶情操的乐园。博物馆陈设高层次的功利目的，也就是陈设艺术设计目的、意义所在，我们每一位设计师肩负着这一光荣而艰巨的任务，真是任重而道远！

陈设艺术设计，首先要为陈设创造一个理想的展示环境，要做好陈列室室内设计、光环境设计和陈设设备设计，我们把这些称作"硬件"设计内容；其次要为陈设建立一个可供直观教育与审美鉴赏的展示系统，要做好陈设组合设计、辅助展品设计、现代传媒及音响效果设计，我们把这些称为"软件"设计内容。此外，尚有展出中的文物、标本安全保护设计。这是介于软、硬件设计内容之间的中性人任务。这些工作内容相加重合，构成一个完整的设计体系。

（一）硬件设计内容

1. 陈列室室内设计

陈列室室内设计是现代陈设设计的重要内容。其设计思想、要求，不同于一般公共建筑的室内设计。首先博物馆陈列室（厅）是藏品在展出时的藏室，室内环境的温度、湿度、采光、通风等的设施均要做到有效地保护文物、标本；室内装修的消防规范要求亦不同于一般装修，对操作、用材都有严格的规定，这是陈设艺术设计不可忽视的。室内设计的艺术审美亦服从于陈设展示之需要。凡陈列室的空间艺术处理、装饰手法，墙、地、天花板的色调、肌理等的具体设计，都应视作是为烘托陈设及展品之需提供"背景"，最大限度把观众注意力引向陈设，而把陈列室内其他污染视觉的因素去掉，或加以限制遮蔽。

2. 光环境设计

重视陈列室光环境设计，是现代陈设艺术设计的新概念、新内容。光是视觉的媒介，没有光就不会产生视觉，没有良好的照明和光环境，就不能获得优美诱人的视觉环境。博物馆陈设的光环境设计，需要保证有足够的陈设亮度外，还十分讲究照明的质量。凡光源、照明方式、照明器具、陈设各部位光的合理分布及适当的比差等，都要进行精心的选择，必要时尚须为陈设做专门的照明设计，利用光来提高文物、标本展出的艺术效果，并为陈设创造特殊的视觉氛围，调整参观心理，增添审美情趣。此外，陈设艺术设计还应利用人类趋光心理的特点，运用照明手段做好陈列室的空间引导，诱导观众有序地参观学习。

3. 陈设设备设计

陈设设备是硬件设计中数量大、投资高的项目，差不多须占陈设经费总数的50%以上。同时，由于其数量大、形象突出，是构成陈设艺术整体形象的决定性因素，左右着陈设的面貌，因而凡陈设设备中的展柜、展架、展墙、展板及台座等，其造型、尺度、比例、色调、材质肌理等设计内容都必须认真地逐一推敲研究，务必使陈设设备的形象能与陈设内容、展品特点相称，使用功能完善，便于布置展品，便于陈设组合及文物、标本的安全保护。陈设设备的造型设计与功能设计必须慎之又慎，因为一旦设计付诸实施，陈设建立起来了，再发现问题，要改就难了。以往由于设计不善，造成用之不当，弃之可惜的事时有发生，设计师应该引以为戒！

（二）软件设计内容

1. 陈设组合设计

陈设组合设计是陈设艺术设计的核心内容，也是实际工作中工作量最大、花时间最多、工作周期最长，而且常有反复的设计项目。陈设组合的工作内容分两大部分：一是整体的陈设组合，在确定陈设总体艺术风格的前提下，对陈设进行总体的布局安排，诸如空间分配、内容段落的划分、各部分展线长短的权衡、序幕与结尾的重点处理，以及在陈设全线中在哪段哪节上设定重点陈设，予以突出，形成陈设的高潮点，场与景如何穿插等，这是陈设的大组合。二是陈设的小组合——陈设内容的主题组合，这是一项十分具体细致的工作，组合的主体对象是文物、标本等展品，当然也包括一切辅助陈设品在内，其工作内容是根据陈设体系、框架结构，有层次地编排展品，使它们建立起内在的联系，以定向的方式演示陈设需要说明的问题。在这里陈设品的组合排列必须符合艺术构图的法则，使陈设组合布置具有审美价值，必须运用各种陈设表现手法，让文物"说话"。这是陈设组合设计中运用"博物馆陈设语言"形象地、有说服力地揭示文物展品的内涵，正确、生动地传达陈设内容时具有关键性作用的研究课题。

2. 辅助展品设计

辅助展品指的是辅佐实物原件展出用的图片（照片）、灯箱、图表、图解、地图以及沙盘、模型等，也包括文字材料、布景箱、场景复原及绘画、雕塑等。辅助展品在陈设中虽然只起辅佐实物原件来说明问题、帮助观众理解陈设的作用，但这种补充资料往往是博物馆学者学术研究的成果，有时一幅历史地图、一张分析图表，其概括和明确的程度，可以抵上一篇学术论文；一台历史场景的复原是大量考证研究的结果。有的辅助展品，本身就是工艺品或艺术品，具有很高的欣赏价值。有些灯光或电动演示的图解、沙盘模型还具有高科技含量。辅助展品的设计制作，必须具有科学性、艺术性和科技性，这三者既是设计制作的原则要求，也是评判辅助陈设品质量水平的客观标准。

3. 现代传媒和音响效果设计

现代传媒指的是幻灯、录像电视或电影等结合实物原件展出，用于陈设的一种装置。

这种装置在陈设中占用的空间往往不多，但内容传播的信息很大，而且是动态的演示，声像兼具，还可以用来表现事物变化发展的过程，因而为现代博物馆陈设设计所独钟，已被广泛地应用于各类陈设之中。在陈设艺术设计中，要把现代传媒的各种装置有机地组合于实物原件的展示，并要达到浑然一体的程度，是设计难度所在。对于设计师来讲，这是设计的重点，需要由相关技术专家的配合协作，才能完成任务。

现代传媒装置与文物、标本陈设组合或"合成"，从已见的展例分析，大致可以列出以下几种方式：

现代传媒中的一种，自成单元，与文物、标本单元陈设并列，其中如采用录像电视，演示的节目有固定的和可选择的两种，观众自己选节目只须手触荧屏即可，称触摸式电视。

大屏幕投影电视或电影放映，与文物、标本组合，置屏幕于展品之左或右、前或后、上或下，辅助实物原件陈设，演示陈设内容。

自动幻灯演示，或大屏幕投影电视、电影，与电动沙盘、模型合成，这种方法多半用于自然或科技类陈设，如表现火山爆发、岩浆喷流，或演示石油形成、煤炭生成、地震等，十分真切生动。上海市历史博物馆"近代上海城市发展历史陈列"中表现20世纪30年代上海街市风貌的景观箱中行人与车辆活动，是采用这种技术合成的另一种成功实例。

现代陈设中采用备响效果，已较为普及，它能使陈设的空间环境充满一种特别幽雅的气氛，以调节观众的心理情绪。音响效果有两种，一是纯粹以"背景音乐"的方式为陈设制造氛围；一是以音响效果为目的，除了音乐的旋律外还加配音，如为民俗陈设中的婚礼场景配喜庆乐曲，为四季时令配商贩的叫卖声，为某一自然景观配上潺潺流水、鸟鸣啾啾声等。

（三）介于硬、软件之间的中性设计内容

文物、标本安全保护设计是介于软、硬件设计内容之间的特殊项目，通常此类设计由有关技术专家来完成，但设计师要配合设计。其具体工作内容有：陈列室空间路线布局的安排，要顾及防盗报警装置（闭路电视、CK器等）探头安装的位置、扫描的角度等，务必做到用最少数量的探头获取最大、最有效的警视范围。陈设总体布局要保持消防栓、紧急疏散口畅通，力避遮挡。重点解决陈列柜开启关锁的构造设计，既要有利于方便开启，又要保证锁的隐蔽与可靠性。室内装修、陈设设备的制作用材要进行防火阻燃处理。加强陈列柜及有关展具的密封性能，保持小气候环境的稳定，为怕干燥的物品增湿，为怕潮怕霉的物品设置防潮防霉设施。采光照明设计中为防紫外线对文物、标本的损害而采取相应措施。

综上所述，陈设艺术设计的工作内容是很庞大的，所起的作用也是十分显著的。从陈设工作程序来看，陈设艺术设计正处于前阶段（第一阶段）内容设计和后阶段（第三阶段）施工制作之中间，是个中间环节，起着承前启后的作用，一方面把陈设研究成果转化为可视的展示方案，又为施工制作提供图纸依据。如果抽去这个环节，陈设就不可能获得形象的表现。鉴于这种特殊作用，早在 20 世纪 50 年代我国博物馆界曾对陈设艺术设计做过非常形象的比喻，即比作戏剧、电影艺术中的导演工作——设计师是陈设艺术的导演！

诚然，从现代博物馆陈设设计工作内容的多维性、复杂性来讲，许多设计项目是设计师一人所难以完成的。我们也不苛求设计师去充当"无所不知的专家"，也不允许把设计师当作"美术杂务工"来使唤。设计师要做好本职工作，为陈设制订完善的设计方案，同时也要当好"导演"，要善于博采众长，依靠社会，正确调度各路"军马"，为建立高质量的陈设共同贡献力量。设计师如有才华，能导会演，能深入参与各项具体工作，那当然更为理想了。

第二节 博物馆陈设展览的导向

一、实现陈设展览的思想性

博物馆不能仅满足于举办多少陈设展览，更重要的是陈设展览的质量如何。质量才是决定陈设展览价值高低的尺度，才是赢得社会效益的关键。博物馆应该具有精品意识。博物馆推出的陈设展览应该成为精品之作，才能与博物馆的性质相一致，与博物馆的文化品位相符合。那些缺少思想内涵、设计制作粗糙的陈设展览，对于社会公众的文化生活没有吸引力。要持续推出精品陈设展览，需要有熟悉文物藏品的专家团队能够不断从文物藏品的文化内涵中提炼出好的陈设展览主题，深入研究采取何种设计手段使文物展品恰到好处地表现陈设展览的主题，根据陈设展览的内容设计，精心挑选文物藏品，然后通过好的形式设计将文物藏品组织成内涵丰富的精品陈设展览。

由此可见，如同科学研究项目一样，优秀的陈设展览是精心研究的结果。那些"原始质朴的石器陶片，精致典雅的商周铜器，凝重生动的秦砖汉瓦，色彩艳丽的漆木瓷器，流畅沉着的碑刻书画，以及优美新奇的纹饰图案，精巧别致的器物造型等，这些足以让人们心动，让人们目不暇接，让人们幽思不息"。人们面对令人荡气回肠的历史画卷，面对跨越历史长河保留至今的文物珍品，情感得到净化，心灵得到陶冶，精神得到升华，进一步认识到人生的意义和价值，从而树立社会责任感，并努力开创更加美好的未来。

陈设展览的思想主题内容与陈列艺术形式之间的关系，一直是人们关注和探讨的热点话题。不同历史时期存在着"重内容、轻陈列"或"重陈列、轻内容"的不同倾向，而目前"重陈列、轻内容"的倾向比较突出。实际上，思想主题内容是博物馆陈设展览的灵魂，陈列艺术形式必须服从于陈设展览所要展示的思想主题内容。文物陈设展览是一项科学性很强的系统工程，包括展览策划、内容设计、形式设计、展厅安排、展览制作、展品布置等多项内容。其中，内容设计是陈设展览的灵魂和核心，包括遴选文物、提炼主题、拟订展名、撰写文案等各个环节。更为重要的是，要将思想主题贯彻始终。

好的陈设展览是观众到博物馆的理由，观众能用心、动情参观才是好的陈设展览。好的陈设展览应集思想知识内涵、文化学术概念和现代审美标准于一身，既反映真实生活，又生动感人。作为博物馆工作的核心内容，博物馆通过对文物藏品的组合陈列展示，传播知识，履行社会教育和服务职能。每一个展览都不应该是简单的文物展品排列与组合，而应该为观众营造良好的欣赏展品的氛围。陈设展览中的所有元素之间应相互作用，形成整体，将孤立的文物还原到当时的历史文化体系之中，让观众充分理解其独特的价值，在一定范围内产生预期的效果，拉近观众与文物展品之间的距离。

博物馆举办展览应关注社会，关注现实，关注民生，关注"人文精神、艺术哲学、科技美学"等要素的结合与体现，着重研究个性化、差异化、感知化、人本化的设计理念。陈设展览工程虽然包含普通装饰内容，如展示空间的吊顶工程、地面工程、墙体基础装饰装潢工程，以及陈设展览中使用的基础电器工程。但是从总体上来讲，陈设展览工程应该是一项兼具学术性和科学性的艺术工程。

必须坚持博物馆陈设展览的工作目标，遵循陈设展览的工作规律和业务规范，实现学术成果与实物展品的有机结合、知识内容与视觉表达的融会贯通、社会教育与自主学习的协调配合、文化传播与大众休闲的相得益彰。一个优秀的博物馆，不在于馆的大小及豪华程度，关键在于是否有思想。一个没有思想，只有文物陈列的博物馆，实际与文物仓库或文物商店并没有什么区别。没有思想的博物馆，等于没有灵魂，只是城市点缀风景的花瓶，虽然具有观赏性，但缺乏启迪社会的作用。

博物馆的未来正在朝着集历史教育、艺术欣赏、公众参与、文化传播和娱乐休闲于一身的方向发展。博物馆陈设展览的特点主要通过思想主题、题材结构、表现视角等内容方面的特点，以及信息呈现方式、视觉表达手段、传播媒介类型、艺术表现风格等传播方面的特点反映出来。当代博物馆陈列呼唤多样化，社会公众对博物馆陈列的需求趋向多元，希望看到更多不同题材、不同视觉表达方式，给人们以创新启迪和审美愉悦的陈设展览。各类博物馆也希望通过陈设展览突出本馆特色，陈列内容的多样化呈现，有助于使文物藏品以更加深刻的内涵呈现在观众面前，有助于观众在比较中获取更多的文化信息、在比较中深入思考。

当代博物馆陈设展览应该鼓励创新，鼓励创建具有鲜明特色的陈列风格。正如加拿大康宁玻璃艺术博物馆馆长所说：我的使命就是让人们对玻璃感到兴奋。这句话直观地解释了有趣的博物馆对于观众的影响。陈设展览形式的多样化表达，可以更加有效地激发观众参观的兴趣，改变观众在博物馆的视觉疲劳感，实现愉快的参观体验，使观众多维度地接触展品信息，在愉悦的参观体验中丰富知识、技能和学习能力。观众在博物馆里不仅能以愉悦的心情学习知识，还能得到身心的放松和文化的享受。

博物馆在进行陈设展览设计时，既要注意符合基本功能的构成规律，又要注意克服现代主义对功能理解的局限性。也可以说，既要否定现代主义片面反对传统和装饰的做法，又要反对忽视甚至损害使用功能的矫揉造作。以展板上的装饰布为例，除了要阻燃、吸音、结实以外，在设计时还要考虑美观，创造出富有视觉感染力的陈列效果。保证所放置的文物安全是展柜最基本的功能，但是在设计时还要注意款式的美观，并与陈设展览内容、展厅整体效果相协调。所以，陈设展览设计是包括了人的生理、心理、物质、精神等诸多方面因素的综合性设计，其中有意义的氛围营造，不仅反映陈设展览内容和观众审美需要的真实感受，而且折射出设计功能的丰富层次。

二、实现陈设展览的学术性

作为知识和思想传播的载体，陈设展览首先要符合展览传播的需要，即它们的创作必须服从展览传播目的、展览主题和内容表现的需要，必须要有学术支撑，要符合现代人审美的需要，既要有较高的艺术水平或相当的技术含量，还要有较强的艺术感染力。观众进入博物馆的展示空间，参观活动主要包括阅读文字、聆听讲解、欣赏展品、观看视频、亲身体验和动手操作等。因此，陈设展览应该力求造型简洁、语言鲜明、色调和谐、创意新颖、特点突出。今天，应当重新审视、评估博物馆所拥有的文化资源，并将其整合、转化为博物馆文化赖以深化的资本，通过各种新颖、多样的展示内容和手段，经常更新文物展品，展示历史文化的内涵与魅力，使博物馆保持长久的吸引力。

湖南省博物馆被定位为历史艺术类博物馆，特别强调自身拥有的马王堆馆藏文物资源在历史性、艺术性方面的重要地位，形成以马王堆汉墓展览为核心，辅之以青铜、陶瓷、书画、考古发现等内容的常设展览，向社会提供独具特色的陈设展览，赢得了普遍的好评。博物馆陈设展览水平的高低，取决于科学研究质量的高低，其中对文物藏品的研究，往往不局限于对一座博物馆的个别馆藏文物的研究，更要对相关文物藏品整体进行深度研究，只有对文物藏品的特点进行长期不懈的探索，发掘其文化内涵，提炼出具有鲜明特色、使观众耳目一新的选题，才能为举办高水平的陈设展览创造必要的前提和基础。

文物展品既是观众到博物馆参观的主要对象，也是实现博物馆文化传播的主要途径。"走向盛唐展"是近年来举办的规模最大、规格最高、展品最丰富的展览之一，也是学术和社会影响较大的展览。

历史考古类博物馆展示的是过去的历史，是对人类文明发展历史和文化遗产的研究、认知、保护和再诠释，有着更多的历史厚重感，明显地透射出凝重、庄严和悠远的深层文化内涵。长期以来，出土文物对于历史学家、考古学家而言，其价值的重要性毋庸置疑，然而对于社会公众来说，理解和认识出土文物的价值，则存在着明显的困难。这种理解和认识的困难，成为文物藏品资源转化为文物展品资源、实现文化传播功能的主要障碍。消除这种障碍不仅有赖于人们文化素质的提高和历史知识的积累，更需要博物馆认识、理解这种社会需求，用科学普及的方式，更为主动地向社会公众阐释出土文物的综合价值。

博物馆中的出土文物展品，由于年代久远，损毁严重，完整器物较少，往往仅局限于一些质地普通，但是不易腐朽的石质、陶质、玉质等器具，更由于受社会生产力发展水平的制约，其审美价值与艺术价值相对较弱。虽然这些文物展品的学术研究价值珍贵，然而对于普通观众而言，其重要意义却不易理解，所隐含的一些文化内容甚至容易引起争议。为此，陈设展览设计必须借助田野考古发掘报告中的第一手资料，通过对内容枯燥的考古发掘报告的细致释读，归纳其中的内容，详细介绍文物藏品来源、文物分类、出土地点、收藏时间、历史背景等文化信息。

良渚文化距今5300~4300年，是中国新石器时代晚期的一支重要的考古学文化。良渚遗址位于杭州市余杭区良渚镇一带。20世纪80年代以来，对遗址区内祭坛和贵族墓地、大型建筑基址等遗址的考古发掘，引起世界性的轰动。良渚遗址区内保存的诸多大型遗址点及其周边环境，以及通过考古发掘出土的数以万计的精美玉器、石器、陶器、漆器、木器和骨器等各类器物，共同构成了良渚遗址丰富的内涵，揭示中华文明起源进程的重要历史，成为中华五千年辉煌文明的实证。良渚博物院的展览主题，注意用文化时空坐标阐明良渚文化在人类文明史上无法取代的崇高地位，以及良渚文化对中华文明的起源探索所起到的巨大作用。

良渚博物院展览主题为"良渚文化实证中华五千年文明"，从良渚文化的考古研究、良渚古国的再现、良渚文明的揭示三个方面，向公众传播发现良渚遗址、认识良渚文化、确立良渚文明的考古历程，以及良渚文明在中国和世界同时期或同类文明中的重要地位。陈设展览的内容和形式，均以遵从科学性、学术性为前提，无论是前言、说明等版面，还是对环境氛围的把握和艺术形象的表现，都依据考古发掘报告所提供的科学信息，尽量减少不必要的考古学术描述和历史资料铺陈，而充分利用出土文物本体特色，展示文明的魅力。同时，在陈列展示过程中，运用多样化的方式和手法，来弥补内容枯燥的缺陷。以一个又一个针对良渚文化之谜的发问形式,引导参观者去探寻良渚文化的未解之谜,感受良渚文化和良渚古城的魅力,体会良渚玉器的杰出成就,理解良渚文化"文明之光"的文化特征。

同时,良渚博物院对基本陈列进行不断地充实,注意吸收新的学术研究成果,对文物展品进行适当的更换和调整,增加新的内容。例如,2007年发现的良渚古城,是目前我国所发现的同时期营建规模最大、配置级别最高、出土文物最精美的古城遗址。为此,良渚博物院对此前已经基本定稿的陈设展览策划文本,及时做出重要调整,对展览目标重新定位,增加良渚古城的陈设展览内容。目前,良渚古城的地位和价值从博物院前厅到第三展厅、尾厅,都有充分、连贯的反映。例如,在第一展厅,把有关古城发现的社会历史文化解读,作为良渚文化70年探寻道路的重要一步加以展示,也相应地推出了遗址—文化—文明三个递进式的概念。通过良渚博物院这一平台,不但把良渚文化的专业知识尽量准确地表述出来,并且让观众既看得懂,又爱看,获得"一座可观、可玩的博物院"的美誉。

我国农业历史悠久漫长,有着自身的发展规律,如果以历史朝代横向展开,无法清晰地展现农业发展变化的脉络,而且文物展品本身也往往不是随着朝代而出现,但是梳理万年农业历史,不难发现,我国古代农业对世界农耕文明的贡献突出地表现在四个方面:一是物候的利用,二是作物育种,三是生产工具的发明与传承,四是水的治理与利用。这是我国农业文明的核心价值。因此,中国农业博物馆的"中华农业文明"陈列,坚持选取上万年农业历史中的文明点纵向延伸,而不是采用以往通史陈列的手法横向展开。例如,生产工具的发明与传承部分,没有全面展示各式各样的农具,只选取了犁、锄、镰、磨四种。犁是耕种工具,锄是中耕工具,镰是收获工具,磨是加工工具,四种工具大体上概括了我国古代农业生产的主要方面。

目前,陈设展览设计制作有两种模式:一种模式是设计与制作分别由不同的单位承担,另一种模式是设计与制作由同一个单位承担。一般推荐后一种模式。因为陈设展览设计与建筑设计不同,建筑设计公司一般只搞设计,不搞施工,而陈设展览则不同,选择由陈设展览设计水平高、制作能力也很强的单位统一设计实施,便于组织协调。一般来说,陈设展览设计制作的单位主要负责展览的总体设计、结构设计、版面设计和版面制作,至于油画、雕塑、多媒体景观模型等内容,大多是委托其他专业公司和艺术家进行设计制作。因此,即使由同一个单位承担设计与制作任务,也需要通过适当方式将各方面的优质力量和优秀人才吸引进来,实现既定的目标。

博物馆的陈列设备是为陈列服务的工具,它的设计思路,关系到文物的安全、使用的便利,与观众视觉效果也有着直接的关联,同时还要与博物馆的性质、建筑风格融为一体。此外,陈列设备本身又要具备艺术的造型,不能只注意实用而忽略了美观,也不能只顾美观而忽略了实用，应贯彻经济、实用、美观的原则。陈列设备对华丽图案的追求，以及烦琐的雕刻、沉重的装饰的使用，都会吸引观众而起到喧宾夺主的作用，因此应当避免。陈列设备的材料并不是价格越昂贵越好，有时珍贵的文物展品配以朴素的展具也会相得益彰，关键在于运用得当，能够突出文物展品的形体美、色彩美、质地美，并形成色彩层次，增强陈设展览的艺术气氛和效果。

我国博物馆陈设展览的精品意识普遍不强，推出的高质量精品之作不多。博物馆陈设展览水平不高的原因，往往是因为没有将陈设展览看作是一项综合性很强的文化创造。一些博物馆的文物藏品征集和研究等基础工作与陈设展览工作脱节，缺少明确的思路和目标，直接造成陈设展览中的文物展品缺乏系统性和内在联系，难以形成专业性的展示主题内容，或展示主题内容缺少专业研究成果的支撑，导致博物馆的陈设展览缺乏鲜明个性和地方特色，其结果是必然使观众失去参观热情。

在我国，陈设展览设计不应失去中华民族千百年来形成的文化积累，应具有鲜明的艺术个性和时代特征。例如，我国古代文物展品的文化内涵非常丰富，具有特殊性，无论是纹饰、色彩、器形，还是铭文、质地等，都能从不同的角度展示文物的特色和个性，给人们以历史的感悟、科学的启迪和艺术的享受。但是，古代文物展品与现代人们生活之间往往存在着较大的距离，需要必要的文字说明给予帮助。通过通俗易懂、生动优美、简洁流畅、富有趣味的文字说明，将陈设展览的内容主题、时代特征、文化寓意，以及学术观点等清晰地描述出来，这样可以使观众能够准确、快捷、方便地获取博物馆文化信息。

实际上，实现博物馆陈设展览内容的通俗易懂，并不意味着展览设计和制作的水平可以降低，反而要对陈设展览的各个方面提出更高的要求。通常在博物馆展柜中，呈现在观众面前的各种器物，是孤立的终结制成品，对于这些文物展品的原料成分、制作过程中采取的工艺和技术、使用过程中所承载的文化信息在陈设展览的说明介绍中往往并不涉及。应通过鲜明的陈设展览主题，将文物展品的生命历程和社会联系串联起来，揭示其所反映的传统生活方式与技艺、蕴含在文物展品中的情感与智慧，共同叙述文物展品生动的背景故事，将文物展品置于与之相关的"人""自然"和"社会"环境之中。

此时"文物实物展品不再仅仅是欣赏的对象，也不再是博物馆展览中唯一的陈设要素，而成为故事叙述系统中的要素之一，扮演着故事叙述中物证的角色"。如此，文物展品才能成为陈设展览的传播重点，成为观众最关注的内容。面对这样的要求，文物展品研究就不能再囿于物质的层面，而应努力揭示其背后的精神因素，将文物展品研究纳入整体文化背景下，强化文物展品研究与相关领域学术研究的关联。例如，陈设展览设计与文物展品布置要取得良好的传播效应，还应当熟悉认知心理学、教育行为学和人体工程学等相关知识，使观众以自然轻松的心态，在良好的情绪环境中参观。

三、实现陈设展览的知识性

当前，博物馆陈设展览处在从传统工作模式向信息化与个性化、学习型与服务型的模式转换的过程中。要尊重陈设展览工作的客观规律，坚持陈设展览为博物馆发展服务，坚持"以人为本"原则，关注陈设展览的社会效益，根据陈设展览内容和观众接受程度，选择适宜的视觉表达方式和信息传播设施，为广大观众奉献丰富多样的优秀陈列。同时，创意在博物馆陈设展览活动中占有重要地位。好的创意能在文物展品与观众之间产生共鸣，不仅给人以耳目一新的感觉，也会在情感、艺术、文化上触动观众的心灵。

20世纪80年代后期，中国农业博物馆曾开展家庭育林活动。活动的材料由加拿大方面提供，每份包括一个由再生纸制成的可折叠纸盒、一包营养土、几粒林木种子、一张记录表。

活动对象主要是小学生团体观众。活动先由博物馆组织观众参观有关森林的展示，然后分发材料，每人或每几个人一份，由专家讲解怎样在家中育苗。学生回家后按照专家讲授的要点及纸盒上的提示，将纸盒撑开，装上营养土，洒上一定量的水，在土里埋好种子。在春天温暖的日子里，大约经过一周时间，种子萌发长芽，再过几天，长出几片叶子，就成为一棵树木的幼苗。整个期间，学生在记录表上认真填写，学校老师随时了解、检查，并和博物馆联系。经过若干时日后，学生们带着自己的"家庭作业"再次集中到博物馆，经过检查、评比，所有合格的小苗，连盒集中移植到博物馆一块预留的土地里，这里就是该学校班级的林木苗圃，学生们可以随时前来观察和参与照顾。

对于博物馆来说，如何用非专业人士能听明白的方式进行传播，使观众兴趣盎然地参观展览，并获得对该领域知识的理解最为关键。"只有那些能将专业知识用非专业的方式进行成功阐释的博物馆，才有可能获得传播上的成功。"对文物展品的研究，不仅要重视对物品性状的研究，更要重视对人的研究。人是文化创造、享用、保管、传承、发展的主体，文物是人们生活状态的反映，文物展品所蕴含的人文精神，应是研究的重点。从展览教育方式上看，传统的博物馆以文物展品陈列为主，而现代博物馆注重启发式教育，提倡和吸引观众参与互动体验，力图使观众从被动的受教育者变为主动的知识的探索者，使到博物馆的观众都可以根据自己的需要和爱好，在知识的海洋中自由地、主动地摄取知识营养。这一深刻变革使得博物馆发生了质的变化。

从某种意义上讲，博物馆是各学科、各行业与外部世界沟通与交往的窗口，肩负着让社会了解本学科、本行业的责任。对于绝大多数观众而言，进入博物馆意味着他们进入到了一个新的领域。湖北省博物馆的"郧县人"陈设展览，没有停留在仅仅将"郧县人"介绍给观众，而是在展览的序幕中，建立了一个人类发展的坐标体系，将世界各地发现的古人类化石的历史年代标注在坐标体系之中，直观地展示"郧县人"在人类发展历程中的位置。湖北省博物馆的文字馆在展示中国书写文字发展历程时，对比陈列和诠释同时期古埃及、古希腊、古巴比伦、古印度文明的文字与书写载体以及各种实物资料，做到了陈列信息与世界文明的衔接，引起了广大观众特别是青少年观众的极大兴趣。

深圳博物馆的陈设展览中，将新中国第一张股票、深圳第一家"三来一补"企业合同、土地拍卖"第一锤"、股票市场开市钟、首批无偿献血者登记卡，以及早年投入特区建设的基建工程兵集体转业名册等作为珍贵文物展品，与观众见面。

陕西历史博物馆购置了一批自动语音导览器，内有中文、中文学生版、英文、日文、韩文和法文等不同版本和语种的内容，中文版请全国著名的播音员录音，外文版请各国本土播音员录音，听讲效果很好。同时，馆内还购置了团队讲解器，凡是听讲解的观众每人佩戴一台接收器，讲解员用平时说话的音量即可进行团队讲解，为营造无声博物馆做出了有益尝试。

作为社会公益事业，博物馆在陈设展览选题上应注意根据时代需要、社会热点等多方面开拓选题，为社会发展服务。

随着国家考古新成果的不断涌现，一些遗址博物馆内的陈设展览也将以"动态"代替"静态"，以"进行时"代替"过去时"，使古老文明对话当代科技，在实体与虚拟的对接中，传统与传播共同推进博物馆社会化的进程。四川成都金沙遗址博物馆，在考古遗址的探方内相应放置了多幅图片介绍发掘场景，并在主要文物出土地点播放电视短片，由考古学家介绍发掘时的情况。由于新技术的引进，满足了观众参与互动的心理，也使那些曾经让人觉得晦涩难懂的历史知识和厚重沉闷的陈列展示环节，变得生动、有趣、亲切、丰富，更容易被人们接受和记住，将文物展品体现的"历史"转换成某种可以"体验"的内容，成为与参观者沟通交流的结合点。

考古遗址博物馆以考古发掘文物展示为特色，专业性很强，更需要做好普及知识的工作。德国巴登-符腾堡州考古博物馆为了培养儿童从小就喜欢追溯历史、探究奥秘的兴趣，将考古发掘现场做成模型，用各种卡通人物在现场进行发掘工作。这种展示方式故事性强，表现力强，将深奥的考古学成果转换为新的表现形式，找到严谨的考古专业和儿童兴趣的结合点。随着人们在博物馆中由被动的受教育者转变为主动的参与者，博物馆的"寓教于乐"理念渐渐深入人心，参观博物馆的过程成为令人身心愉悦的艺术与知识体验，也丰富了博物馆的活动内容，增加了博物馆的吸引力。

"中国文字发展史陈列"是中国文字博物馆的基本陈列，在前期设计准备阶段，就对空间高度、展板大小、室内色彩、展品灯光等方面做出了严密的论证工作，使陈设展览形式适应观众的感觉系统特性及心理需求，充分考虑观众的感受。此外，展览的 6 个展厅中，都设计有互动项目，观众通过动手选择甲骨文、金文图形可输入电脑后并将其体会汉字从古到今的发展演变历程。特别是推出了互动影像厅，充分开发文字与观众的互动方法，设置字谜竞猜、练习毛笔字、文字名片设计、雕版印刷等项目。在材料工具与书法展区，观众可以通过多媒体设备进行互动游戏，体验不同书写工具、书写方式在不同书写材料上的不同书写效果。

中国文字博物馆的这些互动项目设置使观众在轻松、愉悦的环境中动手动脑，体会文字的魅力与趣味，更好地传播文字文化的知识。在创新陈设展览手段上充分发挥场景直观生动的特性，丰富展示效果。例如，利用动画剪影的手法介绍内容，串联文物陈列。此外，陈设展览按照文字演变的时间顺序，设计制作了原始制陶、青铜铸造、造纸术、照排技术演示等与文字有关的场景。这些场景的设置，突出了陈设展览的主题，可让观众感受古代的生产生活氛围，了解文字诞生及演进的过程。

通俗易懂的文字说明是连接博物馆与观众的重要媒介之一，必须做到深入浅出，才能使观众通过文字说明了解陈列内容，增加对陈设展览的理解，使参观者有所收获。但是，传统的文字说明多强调文物来源，最常见的说明内容一般为：出土时间、出土地点、文物时代、文物质地，有的还标明文物尺寸。上述内容具有一定的资料价值，但却不是大多数观众所关注的内容。要使观众愿意阅读，文字说明在内容编排和艺术设计上都要做出精心的安排。陈设展览对于文字撰写人员有较高的要求，必须熟悉相关的专业，必须有很好的写作技巧，必须具有用简洁通俗的方式表达复杂专业内容的能力。

第三节 博物馆陈设展览社会形象的改善

博物馆要很好地为观众服务，其陈设展览必须要以观众为中心，不仅仅考虑"我能给观众什么"，而且要考虑"观众需要什么"。吸引公众参观是博物馆发挥传播与教育功能的前提。今天的观众获取知识与信息的方式已经和过去有很大的不同，人们往往并不需要在博物馆里接受系统的知识传授，而希望了解文物展品背后的故事，期盼在从未有过的体验中获得知识和信息。因此，陈列展览首先要让观众充满好奇，要激活观众情趣，使观众参观之后回味无穷。

一、实现陈列展览的观赏性

随着科学技术手段的发展，陈设展示形式远远超越了传统的图文展板的静态展示，出现了如模型演示、景观再现、视频展播、幻影成像、主题剧场、互动体验项目等各类动态展示，通过视觉的新颖性和冲击力，很容易激发公众主体参与意识，引起共鸣。陈设展览技术在博物馆的合理应用，依托于文化创新的设计理念，实现陈列展示功能需求与新技术、新材料的合理把握，陈设展览设计与艺术表现形式的相互渗透，陈列展示空间与自然环境的和谐共生，体现出博物馆专业人员与展览设计、施工制作等方面人员的高度协调配合。

每一个陈设展览都应具有独特的品质，审美风格应当与展示内容相呼应，绝不能因为盲目追求形式美而伤害陈设展览的思想性和科学性。如果陈设展览所表达的视觉感受、所营造的环境气氛与展览主题和内容设计互为表里，就可以使陈设展览的主题、内容、信息、知识与形式、视觉、环境、感受相映生辉，使陈设展览的思想性、学术性和知识性伴随观赏性、趣味性和互动性浸入观众的脑海心田，给观众留下深刻的印象。

在博物馆的复原陈设中，可通过选取某一历史现象的场面或某一自然生态的场景实现"情景再现"，深入挖掘真实的历史氛围和生动的生活情景，挖掘特定人物有血有肉的精神世界内涵，通过文物与环境组合、文物与模型组合、文物与图像组合等方式，在不改变文物原状的基础上，对展示空间进行技术处理，恰如其分地再现历史氛围，恰到好处地模拟历史情景，强化时空中的历史真实感，摒弃脸谱化、符号化的表现模式，改变传统陈设展览呆板、单调、静态的方式，通过各种表现手段的应用，丰富陈设展览的艺术语言，达到内容设计与形式设计的和谐统一，在带给观众视觉享受的同时，使之能够更好地感悟陈设主题。

博物馆陈设展览不是任意的艺术创作行为，而是受到博物馆使命、博物馆学理论、博物馆藏品、博物馆陈设展览主题和博物馆观众的制约。尽管如此，博物馆陈设展览的创造空间并不狭小，涉及专业领域众多。例如，在陈列艺术方面，涉及博物馆学、历史学、建筑学、艺术学等；在实际操作方面，涉及空间设计、平面设计、电气设计、结构设计、多媒体设计等；在制作工艺方面，涉及装饰装修工艺、摄影印制工艺、雕刻油漆工艺、绘画雕塑工艺、金属制造工艺、文物保护技术、安全防卫技术等。所有设计、工艺和技术都为陈列展览的完成而服务，这充分表明了陈设展览的综合性。

在陈设展览场所会有各类展柜、展具、灯光、音响、视频设备，以及其他多媒体展示设备，在设计中必须精心地进行配置，才有可能取得良好的展示效果，并有助于表现陈设艺术的感染力。例如，陈设展柜设计必须遵循实用与审美相结合的原则。陈设展柜直接服务于文物展品，是博物馆藏品公开展出时的保管器具，因而必须满足安全防范的各项要求，诸如防盗、防火、防虫、防尘、防潮、防光害等。同时，陈设展柜必须具有良好的展示功能，各个部位的尺度比例均须符合人体工程学的原理，使得观众参观时感觉舒适。陈设展柜的开门方位、开门方式、构造亦须符合使用方便性的原则，以利于工作人员提高效率。此外，陈列展柜是决定整个陈列艺术形象的主要因素之一，结合陈列展厅内部装修，它可以创造出博物馆环境特有的艺术气氛和气质，提高文物展品的表现力，给观众以美的享受。展具是文物陈设中文物与展台对接的部分，是观众视线最敏感的部位之一，往往需要用特殊的材料、工艺制作。展具的首要功能是保护文物安全，而后是美观精致，不影响文物展品的美感，不影响观众的观赏。灯光不仅是满足人的视觉功能需要和照明的主要条件，也是创造空间、美化环境的基本要素。灯光可以构成空间，改变空间，美化空间，但是也能破坏空间。因此，博物馆陈列展览照明灯具的选择和运用，直接影响展示空间设计的效果。

形式设计和技术运用的终极目的，都是张扬文物展品的文化个性，而不是为形式而形式，为技术而技术。设计师应该信守博物馆陈设的基本理念，避免不顾主题特性、背离艺术规律、混淆艺术和技术、盲目追求高科技手段，从而降低陈设展览的文化与艺术品位的问题出现。博物馆陈设是由多种展示要素构成的，其中包括文物、图片、艺术品、模型、蜡像、道具、建筑、景观、影像、符号、文字、声音、灯光、多媒体等。一方面，陈设艺术寓于技术要素之内，前者要通过后者来展现；另一方面，艺术效果也不是技术要素的简单堆砌。在博物馆的陈设展览中，技术从属于文化艺术，而不能僭越或替代文化艺术。

不少博物馆的陈设展览仍然缺少个性和特色，许多陈设展览选题没有新意；主题提炼不足，平铺直叙，面面俱到；内容枯燥乏味，学究气浓，通俗性不足；展览结构混乱，逻辑性不强，多为教科书的翻版，展览表述过于理性，感性不足；展览信息安排繁杂混乱，不易为观众接受。在我国传统的陈设展览理念与实践中，一般是强调思想性、学术性、知识性等，观赏性问题因长期得不到重视而很少提及，有时甚至将其置于被排斥的地位，将观赏性与思想性等对立起来。缺乏空间变化的陈设展览，不仅使人们感到压抑，而且令人感到乏味，无疑大大妨碍了人们对陈设展览观赏性的认识和营造。

二、实现陈设展览的趣味性

陈设展览是一种信息传播的载体，要从观众的认知习惯和水平出发，科学合理地安排好展览的信息层次。随着当代博物馆陈设设计手段的日趋多样，应适当地借助现代科学技术成果，直观地再现某些场景。在短短的十多年间，从讲解器到多媒体，从二维图像到三维展示，再到数字化博物馆，科学技术成果的应用和推广，使博物馆不断以更为新颖自然的手法，深入浅出地展现文物展品的博大精深与发展历程，精炼地概述历史事件的起因、过程和结果，从而在普及知识的过程中寓教于乐，达到更佳的展示效果，显示出博物馆文化与科学技术的结合，也使博物馆愈加年轻、鲜活起来。

以数字化技术武装的声光电技术和电脑设计技术，促进了博物馆高科技项目的研发与更新，拓展了陈设设计思路，丰富了陈设设计语言，使陈设展览中的有形展现、无形再现成为现实。通过文字记载影像化，让遥远的社会历史与自然环境得以重现，使观众有身临其境般的感动和震撼，获得"进入历史场景的感觉"。中国农业博物馆陈设展览中的"都江堰场景"，有根据地还原岷江分流的情景，利用声光电技术展现水利工程的壮观，利用多媒体演示细解水利工程的原理，使参观者看到、听到、感受到两千多年前先人是如何使桀骜不驯的滔滔江水驯服地服务于人类，并直到今天还造福广大民众。

关于如何使博物馆变得有趣，这是不同博物馆根据自身特点见仁见智的问题，但可以肯定的基本原则是，博物馆不是高高在上向观众灌输、布道的古板教师，不是让观众看完就忘的枯燥课本，有趣的博物馆应当能满足观众的多种需求，能够令观众有所触动、有所思考、有所回味。如今，博物馆普遍采用触摸屏、电子书、场景复原、电动图表、高清全息投影等多种手段，突出对重点内容的表现，更加深刻生动地揭示陈列的内涵，增强内容的表现力和视觉冲击力，丰富陈列的艺术语言，并吸引观众参与其中。但是，场景模拟必须要有确凿的史实依据，切不可随意发挥，否则会误导观众。

任何现代科学技术的应用都必须有实体文物和相关资料的支撑。采用新技术，是对陈设展览思想性、学术性、知识性的强化，其中任何虚拟展示都应该尊重历史，严格按照陈设展览主题和内容设计进行制作和呈现。只有文物展品才是陈设展览中的主角，现代科学技术只能是博物馆展示中的辅助手段，只是为了使陈设展览在叙述上更流畅，在效果上更直观，在形式上更丰富，最后达到博物馆文化传播的目的。新技术的应用所带来的不应该只是感官或肢体的互动，而应该追求陈设展览和观众之间思维的互动。陈设展览的思想性往往寓意其中，含而不露，意在言外而不张扬，让观众自己领悟、自己品位。

由于科技手段与新材料、新技术、新工艺的应用，博物馆陈设展览的信息传递变得直接、快捷、便利、集中、形象、生动，并由传统的静态展示转向动静结合，全面、有效地增强了陈设展览的视觉冲击力。科技的进步是永无止境的，随着科技的不断进步，陈设展览的观赏性前景将越来越广阔。实践证明，恰当地运用互动和高科技展示手段，是对传统展示方式的有效补充与完善。例如，陕西汉阳陵遗址博物馆的幻影成像、陕西历史博物馆的高清晰数字短片，从观众竞相观看的盛况可知，不仅没有冲淡文物展品本身的主题、影响陈设展览的科学性和系统性，反而调动了观众的参观兴趣和主观能动性，加深了对陈设展览的印象。总之，随着博物馆理念的不断更新，以广泛使用高新技术为表征的展览设计，日益受到博物馆界的重视。

采用现代科学技术必须着眼于实际效果。作为新型传播手段，新技术虽然具有不少优点，但是在具体运用时也需要注意博物馆陈设展览的特殊要求。目前，很多博物馆热心于新技术的运用，以为新技术应用得越多、技术越高端，就会越吸引观众。可现实的结果是，很多新技术由于损耗大、使用率低、布局不合理，以及与展览内容关系不密切等原因，未能很好地服务于观众。实践证明，陈列艺术不是高科技的同义词，声光电等新技术也并非多多益善，要充分考虑其必要性、适当性和综合性，高科技的运用也不能喧宾夺主，它的角色只能是衬托者，而不应成为主角。

由于高科技产品的出现与应用，丰富了博物馆陈设展览设计制作的方式方法，也为习惯于原有陈设手段的观众带来新的感受，因而受到人们的欢迎。于是，近年来无论是新馆建设还是旧馆改造，必将高科技陈设展览项目列入其中，而且投入比重越来越大。一些博物馆甚至认为只有更多地使用现代科学技术手段才是求新、求变的最佳方式，高科技项目使用越多，越能推陈出新，越能显示经济实力，越能提升博物馆的档次。在陈设展览设计过程中，弱化传统陈列手法，片面追求所谓创新，在博物馆之间形成"互相攀比""盲目跟风"的趋势，导致陈设展览重复模仿，展示手段千篇一律。

在博物馆的陈设展览设计中，应注重最新研究成果和新技术、新工艺、新材料的引进，这既是社会发展和科技进步的必然，也是提高陈设展览质量和水平的需要。但是，高科技项目在现代博物馆的应用过程中，日益显现出一些弊端。例如，高科技项目价格相对昂贵，一旦大量使用，势必过多占用有限的陈设展览经费；一些不是很成熟的高科技项目，由于缺乏维护经费和技术人员保障，在长时间、高频率地使用后，容易出现故障；随着现代科技的发展，新产品不断出现，高科技项目升级换代频率加快，不断被动淘汰。

博物馆陈设展览的学术文化内涵和公众参与属性，要求博物馆在陈设展览中对新技术、新工艺、新材料有选择地适度运用。应用各种现代科学技术手段，目的是深化陈设展览内容、丰富展览展示形式，而不能将科学技术手段的应用，当作陈设展览是否创新的重要标志，不能将博物馆的陈设展览变成科技博览会，那样反而使文物展品变成了配角。面对陈设展览中出现的种种弊端，博物馆应该力求技术与艺术、内容与形式、继承与创新、审美与娱乐的有机统一，谨防对技术的盲目崇拜和无度滥用，自觉抵制业已出现的庸俗化和娱乐化倾向。

因此，要重视陈设展览艺术与陈设展览技术的统一。只有用文化理念驾驭技术要素，并将各个技术要素有机地整合起来，才能使陈设展览产生赏心悦目的艺术效果。正确认识陈列艺术与技术的本末关系，从而在尊重二者各自规律的前提下，适度界定二者之间的界限，有助于当今博物馆陈列在满足观众日益增长的个性化需求的同时，依然坚持自己的基本理念，永远不失自己的本质特征。也只有如此，才能使观众在欣赏陈设展览时沐浴高新技术之惠泽，产生温柔敦厚之美感，并在审美体验中使情感得以升华。

三、实现陈设展览的通俗性

公众参与是社会进步的重要标志。博物馆要把一成不变的静态知识变得生动有趣起来，就要从观众的角度出发设计陈设展览，以观众为中心提供各种相关服务，注重人文导向，使陈设展览人格化，服务人性化，使观众真正在博物馆里得到悦目、悦心、悦智的享受。日本名古屋工业大学的研究室对日本19家博物馆观众满意度的问卷调查显示，展览中如果有30%的展品可供观众参与，观众的满足感会有很大提高。日本江户东京博物馆内有一个大型微缩沙盘，展示东京桥的历史场景，而在桥的上面，有近千个表现人生百态、五行八作的小人雕塑，生机盎然，妙趣横生。同时，为了使观众能够详细地观看雕塑的细节，博物馆在沙盘的四边设置了望远镜，体现出人性化的管理特点。

参观博物馆不同于在课堂上听讲，观众在获得知识的同时还希望获得一份美感和享受。陈设展览就是要在人与物之间创造出一个彼此交往的中介，为人们提供一个具有美学属性的空间，让观众赏心悦目、缓解疲劳、放松情绪。由于珍贵文物不可随意触摸，一些青少年到博物馆参观时会感到枯燥。为此，中国科学技术馆通过大量可以让观众亲自动手实践的展陈设施，生动形象地展示了电磁、力学、机械、声光、信息、核技术等多种学科的基本原理和科技成果，特别是那些光怪陆离的辉光球、五颜六色的巨大肥皂膜、让人毛发直立的静电反应，都令青少年观众惊讶不已，使他们加深了对相关科学原理的理解。

博物馆的陈设展览和社会教育项目应该充分发挥体验性、互动性、参与性等特征。"让公众了解博物馆的工作人员在做什么，这实际上也是博物馆魅力的一个有机组成部分。"新西兰国家博物馆就设有讨论室，观众还可以通过预约参观文物库房或与专业人员接触、交流。这些展厅以外的相关活动能大大提高观众的满意度。博物馆既要成为文化信息中心，也要成为文化体验场所，利用陈设展览让观众直接参与，并形成互动体验，使文物展品的信息以生动的方式传递给观众，通过视觉、听觉、嗅觉、触觉等体验，获取需要的知识，获得难忘的感受。

现代信息技术的应用，改变了博物馆藏品的陈设展览方式，也提高了人们对信息的处理效率，从而使我国博物馆的管理水平有了明显提升。多语种的自动讲解系统的应用，使博物馆对参观者的服务能力有了明显提高。良渚博物院的陈设展览，按照"雅俗共赏"的要求，解读和传递良渚文化的专业元素，让观众"看得懂、喜欢看"，并做深、做透良渚之谜和良渚玉文化两篇文章，除了运用传统的文物展示、场景营造等陈列手段外，还采用声光系统、多媒体技术、4D影院等现代科技手段，实现室内展示与室外体验相结合，提高博物馆陈设展览的可视性、可读性和参与度，给予观众更加清晰的印象和直观的感受。

在举办"天地经纬"展的过程中，河南博物馆与中国国家博物馆、北京天文馆、中国社会科学院考古研究所、北京自动化研究所等多学科专家联合攻关，围绕古代科技成果的展示和利用、地动仪模型构造和基本工作原理，以及陈列架构、科技内涵延伸、环境创新、公众参与等方面，进行了诸多探索和共同研究。这一展览使人们在探索历史类博物馆如何通过现代技术手段展示古代科技原理的方式方法、探索如何让观众参与到陈设中并通过亲身体验来缩短陈设与观众的距离等方面，积累了一定的经验。

博物馆的陈设展览在内容上应科学高雅，在形式上应喜闻乐见，努力在大众化与专业性之间寻求平衡。在首都博物馆，除了设有专门的教育互动区，还在陈设展览的设计上注重参观者的感观感受，在展品、图片之外，还有多个多媒体展项，包括声光电等现代科技的表现形式，以及参观者能亲身参与互动的展区，以强调"体验、感受、互动"的方式传递展示信息。

由此可以看出，陈设展览和公众教育在今天的博物馆中结合得越来越紧密，形式也更加多元化，尤其是更加注重观众的参与、体验，从而达到信息的双向传递，这正是现代博物馆与传统博物馆的区别。

第四章 数字博物馆与资源管理

第一节 数字博物馆理论与重要性

一、数字博物馆的概念、分类和特点

（一）数字博物馆的概念

博物馆的定义历来都是行内专业人士给出的，所以定义内容一般都包括多种职能工作，其中的收藏、保管和科学研究属于内部职能，与社会公众的联系是间接性而非直接性的。社会公众通常仅利用博物馆的教育传播及附带产生的休闲娱乐，甚至餐饮、纪念品出售等服务性的外部职能，虽说教育传播职能是基于收藏和科研等内部职能的工作成果，但公众一般不参与内部职能的工作过程。所以，当代社会判断一个机构是否属于博物馆，主要聚焦以下两点：首先看它是否具备社会教育传播职能并真正对外开放，其次看它的信息源和主要媒介是否基于有形或无形的人类遗产（包括自然、文化遗产及与其相关的各种知识）。至于是否同时具备收藏、保护、研究等职能，倒是可以宽容一些，因为并非所有博物馆都必须是全职能的。

在大致了解了实体博物馆的定义之后，我们再看如何为数字博物馆下定义的问题。目前，关于博物馆信息化建设的提法，概念比较混乱，有数字化博物馆、博物馆的数字化、数字博物馆、博物馆信息化等名词。这表明，我国的博物馆信息化建设工作还处于初始发展阶段，对其中的各项工作性质和内容认识还比较模糊。其实，即使信息化建设工作达到成熟阶段，但如果看问题的视角不分行业内外，仍会存在概念多样化的现象。

在汉语中，"数字"本是一个名词，但在"数字博物馆"这一新名词中用作动词。"数字化"一词具有动词性，揭示了计算机这一工具的本质，是指直接利用计算机技术来完成的工作。从原理上讲，所谓数字化，是指把原来附载于其他物体上的信息用电磁介质，按二进制编码的方法加以储存和处理。例如，博物馆把原先用纸张或化学感光材料记录和存储的实物藏品信息，转变为用计算机存储和处理的信息。我们知道，博物馆收藏物品的目的并不在于物理或生理意义上的实用，而是因为这些藏品本身凝聚着有助于人们认识世界的信息，是作为信息载体来加以收藏的，而信息又恰恰是可以作为载体转换的。所谓博物馆藏品信息，是指每一件藏品自身所具有的和今人所赋予的一些特征和属性，可分

为具象的形态信息和抽象的含义知识。实体博物馆是用照相、绘图、摄影的方法将具象的形态信息转化为图片、图纸或影像材料，用文字描述的方法将抽象的含义知识转化为书面材料，以便保存其信息，也可以印刷品形式用于远程的交流和传播。而今采用数字化手段，把原先用纸张或图片形式存储的信息，转换成用电子计算机中的电磁信号存储的信息，以大幅提高博物馆的内部管理工作效率和外部利用效率，这就是数字化管理和数字博物馆理念的由来。因而，"数字化博物馆"的提法更确切。

在汉语中，"信息"是一个使用了多年的名词，是通过一定的物质载体形式反映出来的，表现客观事物变化和特征的实质内容。此本体论含义的外延十分广泛，比较适用于泛指而不适用于特指。尚未见有人用"信息博物馆"的提法，因为实体博物馆也是信息机构，在实体博物馆工作中将一件实物藏品的信息用纸张或感光材料等传统媒介加以转述，也属于将实物所含信息从原载体中分离出来的信息化行为。由于信息载体是多样化的而非计算机所独有的，因而表述为"信息博物馆"明显不符合逻辑。而"信息化"一词在我国成为常用语，的确与计算机的广泛应用有关，其跟"数字化"一词一样，也具有动词性。近年来，人们在某些场合常互换使用这两个词表述同一所指，且不会引起误解。但我们应该知道，数字化对象一定是信息，而字面逻辑意义上的信息化却未必只能用数字形式。用以描述数字博物馆时，既然置于博物馆之前的"信息化"不可简化为"信息"，因而就不如"数字"一词简约，也因与对应的英文"Digital Museum"字面不一而存在不便于国际交流的问题。

之所以能够用上述的一句话直截了当地给出数字博物馆的定性叙述，是因为数字博物馆的要素——手段和途径、主要服务对象、服务内容等均已包含在内。也许有些人（尤其是博物馆从业人员）一时很难接受这样的定义，因为他们已经习惯了较为复杂的实体博物馆定义。其实只要冷静地想一想就可以发现，实体博物馆与数字博物馆的直观区别，就在于后者利用了计算机。但计算机的作用并不在于"生产"信息，或者说电脑并不能取代人脑从信息载体的实物身上解读信息，而在于大量、快速、精确地"存取和输送"信息。服务于社会公众的馆藏遗产或相关知识信息，其生产加工者并不是电脑，而是人（主要指博物馆专业人员）脑，数字化行为仅仅处于用数字形式对现有信息源加以转述的地位。另外，实体博物馆与数字博物馆之间在职能方面并不对等，实体博物馆所具有的实物藏品收集和保护、藏品修复及排架管理、藏品真伪鉴定和深入的科学研究等时刻需要人脑完成的一系列职能工作，都不能单凭计算机自动完成。出于数据库安全的考虑，馆方甚至不能指望用远程性的数字博物馆来执行本地性的内部管理职能，用于内部管理的数据库系统与服务于社会公众的数字博物馆系统之间，在物理上往往是相互隔绝的。数字化对象仅仅是事物的信息，而信息本身既不是物质，也不是能量。实体博物馆是不会被数字博物馆取代的。

由此看来，虽然打造一个数字博物馆会涉及实体博物馆许多部门专业工作者的参与，但作为建设成果并投入发布利用状态的数字博物馆，其职能是单一性的，完全集中在类似于实体博物馆外部职能的陈列展览、相关活动、设施及活动消息报道等教育传播或自身宣传领域。数字博物馆仅仅是实体博物馆机构所产生的一种新型信息服务项目，因而其定义就不必罗列实体博物馆的若干职能内容，可以如上述一语道破，简约而无误。如果不是在谈论数字博物馆，而只是在广泛谈论现代信息科技与博物馆工作的关系，那么最好使用"博物馆信息化"或"博物馆数字化"等较为笼统的术语概念。

明确了数字博物馆的概念，我们就可以分清什么是数字博物馆。20世纪90年代末，我们就可以在互联网上看到上百家博物馆网站的内容，当时许多人误以为这就是数字博物馆。其实，与其说这些网站在传播自然或文化遗产的相关知识，不如说它们仅仅是在进行实体博物馆设施情况简介，其主要目的在于自我推销。有学者将这一现象定义为"市场博物馆"，可作为推销手段和通信工具，以吸引更多的观众走进博物馆。这样的网站还有网上购物商店，出售商品是其主要目的。相对而言，"学习博物馆"有丰富的学习资源，可供学习者多次访问。所以，"市场博物馆"可以成为数字博物馆的组成部分，却不能单独称作数字博物馆，因为其最大受益方不是社会公众而是博物馆自身。"学习博物馆"部分才能对应实体博物馆的教育传播职能，最大受益方是社会公众，内容必然基于丰富的馆藏信息，手段则必然是采用数据库技术。用网络专业术语来讲，市场博物馆仅采用静态网页形式，而数字博物馆含有动态网页成分。

（二）数字博物馆的分类

分类是人们认识客观事物的重要手段，实体博物馆被博物馆学家做过多种角度的分类。对于新生的数字博物馆，至少可以从三种角度进行分类：一是按内容所属的学科分类，二是按运行的方式分类，三是按发布的形式分类。

1. 按内容所属的学科分类

在我国，当教育部系统18家大学数字博物馆于21世纪初正式在网上投入运行时，我国公众首次感受到了数字博物馆学科种类的丰富性——涉及自然科学、农业科学、医药科学、工程与技术科学、人文与社会科学五大门类，后来被归纳为人文与艺术、地球科学、生命科学与工程科技四大学科领域，大多对应高校有形学科的收藏资源。

2. 按运行的方式分类

关于数字博物馆的运行方式，最常见的当然是通过网络传输到"地球村"里的个人计算机终端，所以人们在谈论数字博物馆概念时总要挂上"网络"一词。其实，网络还有广域和局域之分，即使单机运行方式仍然可以成为传播自然或文化遗产相关知识的信息服务系统，所以，数字博物馆的运行方式并不唯一。

我们知道，典型的数字博物馆往往是建立在馆藏信息数字化基础上的，在实体博物馆开展数字化建设的过程中，首先要根据自身的需求和实力条件确定数据库运行方式。可供选择的数据库运行方式有单机运行方式、局域网运行方式和国际互联网运行方式。

所谓单机运行方式，就是将含有数据库技术的信息管理与服务系统安装在一台计算机中运行，用以完成从数据采集到内部管理的工作。这种方式对软硬件环境要求不高，几乎无须配备专业人员进行维护，所需投入比较经济，容易普及到我国大多数综合实力较弱的中小型博物馆。另外，如果专题内容有限，也可制作成光盘形式的数字博物馆，类似于常见的电子书，但要比书籍具有更加浓厚的博物馆风格。我国已经有类似的开发案例，但大多作为实体博物馆的纪念品出售给了观众。

所谓局域网运行方式，是在一个机构或部门等有限的范围内，采用服务器加工作站的硬件配置方式。对于规模较大、部门和人员较多的机构来说，采用局域网运行方式具有共享部分硬件（如硬盘或打印机等）的经济性优点，可以为多部门协同开展大规模数据库建设工作提供方便，并且在利用方面能够及时分享新增馆藏信息。但这种网络运行方式的技术含量比较高，需要配备专业人员从事设备及网络的维护工作，所需的网络硬件设备和应用软件都比较昂贵，总体上对机构的人、财、物等综合实力要求较高。局域网运行方式虽是发展方向，然而我国大多数中小型博物馆近期内还很难承受其代价。从利用角度看，本地网络有较好的带宽，桌面速率可以达到百兆甚至更高水平，通过该方法，在利用者能够忍受的等待时间范围内可以传输较大流量的数据，例如，可以观看目标藏品的多角度和多级放大的图片以及表现力较强的流媒体信息。

我国博物馆的数字化建设实情是局域网运行方式和单机运行方式并存，无论采用哪种方式开展博物馆建设和内部管理，当馆方打算进一步与社会公众共享馆藏信息数据库建设成果时，只要将计算机终端设置在馆内开放地带供观众自由查询，即可实现"定点上机"式的数字博物馆。我国已经出现了在实体博物馆开放地带设置"博物馆网吧"的实例。虽然这种共享方式因限定时空而使其受众人数无法同国际互联网上的数字博物馆相比，但这只是数量上的差异，其在本质上仍不失为以数字化技术向社会公众传播自然或文化遗产相关知识的信息服务系统，并且可以减少馆方在知识产权保护和遭受病毒攻击等方面的顾虑。单机、局域网、国际互联网三种运行环境，形成了一个由简到繁的多层次体系。

3. 按发布的形式分类

数字博物馆通过国际互联网的远程发布形式，分为单体发布和群体发布两类。数字博物馆建设通常是以一个拥有馆藏资源的实体博物馆为单位进行的,通过国际互联网发布则直接形成单体的数字博物馆,这就像一个实体博物馆运用馆藏举办陈列展览那样。单体发布没有什么不可思议的。对于利用者而言,要想利用某家数字博物馆,首先要进入该馆的网站主页。但问题在于,许多博物馆的馆名并不能反映馆藏专业主题,如某某大学博物馆或某某地名博物馆,而数字博物馆的观众恰恰只关心主题内容,并不在乎博物馆的行政隶属关系或地理位置所在,这就出现了综合集成若干家单体博物馆数据库进行群体发布的联合数字博物馆,使观众进入某一个数字博物馆联合网站就可以同步利用多家实体博物馆的主题藏品信息,从而避免了多次进出单体博物馆网站的操作麻烦,也避免了多个单体博物馆网站地址的记忆负担。

实践表明,类似于这种群体发布机制的数字博物馆,不仅降低了对单体发布数字博物馆运行维护的依赖,提高了维护水平和发布运行的稳定性,保障了国家建设投资效益的正常发挥,而且更加便于公众利用——只要进入中心站点网站,就可以同时浏览多家博物馆藏品信息。此外,教育部大学数字博物馆项目组又与计算网格技术项目组联手合作,以大幅提高数字博物馆发布所需的运算能力,为数字博物馆采用较大流量的复杂多媒体表现技术创造了更好的带宽条件。

群体发布的数字博物馆,不仅能解决上述稳定运行和便于利用的问题,其更大的潜在价值在于,如果利用语义网络和知识本体分析解决跨学科的藏品信息检索技术问题,也就意味着博物馆具备了多学科交叉互动的潜能,使得用户能够获得解决某个专业问题所涉及的多学科材料,从而有利于完整认识当前问题。

(三) 数字博物馆的特点

与传统的实体博物馆相比,数字博物馆至少有以下几方面的特点:

1. 数字化的藏品资源表达

实物藏品是一般实体博物馆赖以存在的基础。无论是以具备相当数量和质量的藏品为前提而建立起来的实体博物馆,还是在遗址、寺院、古建筑等的基础上建立起来的纪念性博物馆,都是以真实存在的"实物"——藏品为基础的,尽管其中展出的可能是模型或者复制品。以实物为主要传播媒介,这也是博物馆区别于其他机构的特点所在。

数字博物馆信息存储的主要形式从传统的书面文字记录和视觉图像变成了磁性介质上的电磁信号。这种载体变化为压缩存储空间、方便用户远程检索和查询、改进组织方式、提高服务速度、扩大利用者范围、加快更新维护、降低维护费用等一系列进步提供了条件。

2. 跨时空的藏品资源展示

数字博物馆具有实体博物馆所无法比拟的时空跨越能力。这种时空跨越能力又分几个方面。上文已经谈到，数字博物馆观众可以不受开放时间和利用地点的限制，这是从利用形式上讲的；可以不受陈列室建筑面积限制而将整个收藏作为对象尽情利用，这是从展示范围（暴露程度）上讲的。如果从传播信息的内容组织角度来看，通过提供信息的超链接及信息检索分析功能，还可以对藏品信息资源从时间和空间维度上进行任意延伸，达到一种独特的陈列展示和信息解读效果。例如，通过适当的三维建模和图形处理技术，可以将藏品的内部结构、原理、使用方法以及该藏品在各个时期的变化状况，形象逼真地模拟出来，给观众带来视觉和心理感受上的震撼。在自然科学博物馆中，对于地球科学史上的很多重大事件，过去都只能以文字描述的形式出现在展厅内，而数字博物馆却可以广泛利用多媒体虚拟现实技术模拟当时的环境，在计算机屏幕上"再现"地球演化中的重要时刻。虽然从理论上讲这些效果也能通过实体模型等展示出来，但代价要比数字化手段昂贵得多，以至于难以实现。

3. 不同领域藏品资源的整合

实体博物馆一般以藏品和陈列内容作为类型划分的主要依据。按照这个标准，传统的博物馆主要包括历史、艺术、科学及综合博物馆等。不同类型的博物馆分属于不同的领域，馆藏品也从不同的角度进行展示。数字博物馆对于藏品资源的理解，可以跨越学科领域知识的界限。尽管不同的数字博物馆藏品类型不同，但是利用语义网络和知识本体分析可以实现跨领域的知识融合，拓宽博物馆的内涵与外延。

对人类而言，通过实物等图像型媒介认识世界，要比通过文字媒介认识世界更直观、更具体。因而从理论上讲，博物馆的潜在利用者要比图书馆的潜在读者范围更大，数量也更多。人们都承认博物馆藏品所凝聚的知识量是巨大的、有价值的，尤其是具备真实可信的第一手物证资料成分，几乎每个人都能或多或少地从博物馆藏品中找到自己感兴趣的、解惑答疑的、具有客观依据性的信息对象。

二、数字博物馆在信息社会中的地位和作用

（一）在信息社会中的地位

博物馆历来都是世人尊重的文化教育机构，但发展到 20 世纪七八十年代，博物馆事业在全球范围内出现了新问题：一方面，各国政府不再大包大揽而是相对削减经费；另一方面，诸如彩色电视机和彩色印刷品等一系列视觉传媒质量明显提高，形成了强势媒体排

挤力量，致使许多博物馆感受到了生存危机。博物馆界普遍认为提高社会服务质量才是唯一出路，除了追求实体陈列质量以外，新出现的数字化手段和网络媒介无疑为博物馆拓展公众利用渠道提供了新的可能。数字博物馆是以数字形式对自然文化遗产的各方面信息进行采集和管理，实现自然、文化遗产的信息保存，并通过互联网为用户提供数字化的展示、教育和研究等多种服务的信息系统，是博物馆学、藏品及其相关学科和计算机科学等多学科领域知识相结合的信息服务系统。数字博物馆不仅继承了实体博物馆真实性、直观性和广博性的优势，而且能创造出跨学科、跨领域的综合性解惑答疑的工具平台，加上其基于数字化网络的远程互动性、主题可选择性以及媒体种类的丰富性和叙述通俗性等，足以在世人心目中占有崇高的社会地位。

（二）在信息社会中的作用

数字博物馆作为一种新型的博物馆，不仅可将实体博物馆的教育传播职能发扬光大，还有助于提升博物馆的收藏和保护职能，在许多方面具有实体博物馆所无法比拟的优势。

1. 以数字化形式收藏、保护文物标本和其他实物资料

收藏和保护是博物馆最早产生也是最基本的功能。从博物馆的产生历史来看，其最初就是从收藏活动开始的。传统博物馆内均有含有藏品的储藏库，博物馆有义务收集、整理和展出藏品，使其可以被参观和研究利用。博物馆的收藏目的并不在于物品的原始功能，而是将其当作信息载体，因而博物馆把物证材料和相关信息材料看得同样重要。实物一旦失去相关信息，其本身的价值就会降低。数字博物馆的职责并不在于对于实物的保管和整理，而是通过数字化的方式，对藏品信息进行详细的描述，如拍摄高清晰度的全景照片、建立逼真的三维模型、制作视频动画，以反映藏品所处的相关背景（如藏品用途的真实场景、文物的发掘过程、动植物的生存环境等），并按照数字资源建设规范对这些数字化资源进行存储与管理，以便于合理利用这些资源进行教育与研究等。数字化手段能够以相对低廉的成本大幅度提高相关信息收集的质量（多媒体）和数量（空间占有量小），从而保障了实物藏品的实用价值。

我国是一个文明古国，地域辽阔，祖先们给我们留下了大量的自然文化遗产。我国的自然文化遗产非常丰富，仅博物馆内的珍贵文物就达到了上千万件，自然标本的数量更是无法用数字统计。但是由于实体博物馆会受到空间以及各种维护经费的限制，所以很多文物资源都被长期放在博物馆的库房之中。这就导致了很多珍贵的文物标本无法被人们熟知。

2. 以数字化方式对公众进行知识传播与教育

博物馆通过展出藏品向公众提供素质教育，传播科学文化知识，这是学校教育的重要

补充。因此，博物馆教育已成为各个国家普及科学文化知识的重要途径。而一个国家博物馆发展的规模和质量，甚至被认为是衡量这个国家科学文化发展水平的一个重要标志。在科学技术发展如此迅速的今天，博物馆作为社会教育的重要机构，在普及科学文化知识、提高整个中华民族的科学文化水平等方面，有着义不容辞的责任。

数字博物馆在教育思想、教育内容、教育方法、教育手段和教育对象等方面，与传统的学校教育有很大的不同，具有自身的教育特色。数字博物馆能够有效地传递知识，相比学校教育，它的手段更加直观、形象，内容综合性强，面向的教育对象广泛，在普及科学知识方面，有其特殊的效果。因此，数字博物馆的社会教育职能特别重要，其独特的教育方式具有不可替代的作用。

3. 成为科学成果交流的信息平台

世界上许多著名的博物馆，不仅以其丰富的藏品享誉世界，而且也是学术界具有崇高地位的研究机构，科研成果累累。我国的故宫博物院、国家博物馆等就是这方面的代表。不少馆藏品本身就具有极高的学术价值。对它们进行研究，不仅有助于学术的发展，也可为布展陈列工作打下良好的基础。数字博物馆是保存、保护、共享资源的重要手段，是适应时代进步的信息交流和信息服务的基地。由于网络系统的开放性结构，一些重要的科研成果和学术动态可以及时地在数字博物馆中得到体现。因此，数字博物馆在促进研究和学科融合发展方面能够发挥巨大的作用，也可为产出高水平的科研成果提供必要的信息平台。

4. 实现与欠发达地区的资源共享，有助于消除东西部教育水平差距

数字博物馆的建设，既能够有效地减少经济欠发达地区构建实体博物馆时资金的耗费以及硬件设施与收藏品的采购费用，也能够使博物馆内的实物有限问题得到解决，因此具有较强的经济意义。数字博物馆运用互联网可以在任何区域进行传播的优势，能够有效地缓解我国文化教育事业发展地区不均衡的问题，提升国民素质和整体教育水平。

虽然数字博物馆在各方面都有着实体博物馆所无法比拟的优势，但是数字博物馆并不能完全替代实体博物馆。原因如下：首先，实体博物馆是具有社会服务性质的文化机构，这一特点不会被改变，且实体博物馆自身也具有无法超越的社会价值和历史意义。其次，实体博物馆属于藏品收藏以及数字博物馆基础设施建设的实体机构，还需要对藏品的数字化信息进行采集，确保数字博物馆的基础设施建设以及管理和维护等各种重要作用。再者，对于博物馆的认识与理解，并不能仅局限于它对自然、文化遗产的收藏、展示、研究等一些普通功能，博物馆属于国家或者某座城市的形象设施，自身就具有传统文化以及历史文明延续的价值。也就是说，数字博物馆是实体博物馆自身价值的延伸，二者之间并不存在竞争关系。

第二节 博物馆数字资源的分布式管理系统

一、博物馆数字资源管理系统的框架

（一）子博物馆系统

子博物馆系统首先要完成本地所有藏品的数字化工作，并且确保每一件数字化藏品都有对应的元数据信息。然后，每一个子博物馆将运行一个本地博物馆资源管理系统，存储和管理各自的数字化资源。

在子博物馆系统中，数字化资源通过资源管理系统与其相关的数据存储在数据库与文件系统中。资源管理系统将数字化资源与其元数据信息相关联，对资源进行结构化的整合，同时自动生成一些管理型元数据（包含存储信息、起源信息和授权政策等），确保整个数字化藏品的完整性，使每一个数字化藏品都可以恰当地应用于数字化进程中。资源管理系统对子博物馆的全部数字化资源进行统一管理，提供给上层服务模块调用数字资源的接口。

每个子博物馆都运行一个资源管理系统实例，即它们都拥有各自的数字化资源副本。

（二）数据中心

数据中心通过网络与各子博物馆进行数字化资源和相关数据的传输，获取各地数字化资源的副本并且统一管理。

数据中心运行的资源管理系统的规模要远远大于子博物馆的资源管理系统。因为数据中心将包含所有子博物馆的数字化藏品及与其相关联的元数据，所以所有的数字化藏品将同时存储于数据中心与子博物馆系统中。

数据中心同样有功能强大的上层服务，可以满足用户的各种访问需求。与子博物馆的结构类似，这些服务也通过资源管理系统提供的接口调用数字化资源。

（三）博物馆数字资源管理系统的框架分析

数据中心系统框架中主要有八个模块，现进行详细说明。一是存储模块：数据库中保存所有数字藏品的元数据和相关信息，各种类型的数字资源文件存储在文件系统中。二是资源管理模块：管理数字资源，为数字藏品的添加、预览、编辑、获取提供支持。三是藏

品分类管理模块：解决数字藏品在各地和中心之间的对应关系，统一进行标识解析。四是检索模块：支持中、英两种语言的全文检索。五是安全管理模块：解决系统的访问安全，控制藏品访问权限。六是通信管理模块：负责通过网络与各地数字博物馆进行数字藏品和相关数据的传输。七是显示模块：基于可扩展标识语言（XML）和可扩展样式语言（XSL）技术定制不同风格的数字博物馆展示页面并发布。八是用户界面：面向不同的用户提供不同的服务，如面向普通用户提供各种展品的浏览和检索服务，面向管理员提供数字博物馆展示内容及形式、风格的定制服务以及整个系统和各种数字资源的管理服务。

二、数字资源的定位

（一）通用标识符系统

数字资源管理系统是由分散在因特网上的多个应用子系统、数据库和一个数据中心共同组成的分布式系统。在传统的单机和局域网环境下，数据库应用系统通过记录号唯一标识某条记录。而在这种因特网环境下的分布式系统中，简单的记录号已不能满足唯一标识记录的需要，并且记录本身也上升为对象或资源，需要建立数字对象唯一标识符的框架体系，标识不同应用子系统和数据库中的对象。唯一标识符作为应用系统命名机制的组成部分，可通过在原来的内部记录号前加上服务标识号和服务网址的方式维持记录的唯一性。此外，唯一标识符不仅需要能够唯一标识数字资源，更需要持久、可操作地标识数字资源，以满足不同系统间的互操作。

（二）Handle 系统

1. Handle 系统简介

CNRI（美国国家研究推进机构）推出的 Handle 系统是因特网上进行名称解析和管理的通用名称服务系统。Handle 系统管理的主要对象就是 Handle。Handle 是一种基于名称的唯一标识符。Handle 系统是针对目前因特网上的域名系统（DNS）和统一资源定位系统（URL）对名称和地址唯一标识能力不足而提出的。它基本由解析系统和管理系统两大部分组成。解析系统把用户提供的 Handle 和名字解析成同该 Handle 相关的信息或值，以便用户定位、访问和使用数字对象；管理系统则负责向 Handle 的用户提供对 Handle 的有关信息进行编辑和修改，以维持名字同实际对象之间的关系。Handle 系统的设计目标如下：

（1）唯一性

Handle 系统中每个 Handle 都是唯一的。

（2）持久性

Handle 本身并不是源于它所标识对象的名字。也就是说，Handle 同对象之间的关系是通过 Handle 系统来完成的。被标识对象在名字、内容、地址等任何方面的变化都不会影响 Handle 本身，而仅会影响 Handle 对应的关于对象的元数据信息。这样就保持了 Handle 同所标识对象的相对独立性，从而形成了持久的连接。

（3）多个实例

一个 Handle 可以指向某个资源的多个实例。Handle 系统可利用多个实例提供扩展服务并增强 Handle 系统名称解析的可靠性，如"合适拷贝"的服务。

（4）扩展的名称空间

任何本地系统都可以通过活动获得 Handle 命名机构授予的唯一 Handle 号，以实现本地名称的因特网唯一标识。本地系统的名称空间可以融入 Handle 系统的通用名称空间中提供名称解析和管理的代理服务。

（5）分布式服务和管理模式

Handle 系统采用等级式的服务模式。它通过通用名称登记系统使本地的名称空间可以采用不同的解析模式。用户可以在分布式环境下对有关的 Handle 进行在线维护和编辑。

（6）安全而高效的名称解析服务

Handle 系统最早是 CNRI 作为计算机科学技术报告（JCST）项目的一部分在美国国防先期研究计划局（DARPA）项目经费的资助下完成的，它的研究成果又被进一步融入后来的网络计算机参考图书馆（NCSTRL）项目中。Handle 系统主要指的是包括数据结构、协议、管理机制和安全控制机制在内的整套应用系统规范。CNRI 在该规范的基础上已经开发出了具体的试验用名字服务系统。该系统可以分为分布式的多个本地名称服务系统和一个通用名称登记系统。

2. Handle 系统体系结构概览

Handle 系统定义了一套分层的服务模型。顶层服务由一个全球服务构成，即全球 Handle 注册中心（Global Handle Registry，GHR）。其下由其他的 Handle 服务构成，通常被称为区域 Handle 服务（Local Handle Services，LHS）。需要说明的是，LHS 并非本地的 Handle 服务，Local 在这里是相对于 Global 来说的。LHS 处于 GHR 的下层，它负责某个或某些名称空间下的所有 Handle 服务，而不是指只在某个机构内部起作用的 Handle 服务。

3. Handle 系统的解析过程

如前所述，Handle 系统的名称空间由两个部分组成：命名机构标识符和本地唯一标识符。Handle 系统提供的名称服务按照 GHR 和 LHS 的两层结构进行。其中，GHR 提供命名机构标识符的解析服务，且是单一的服务，它将所有用户的解析请求分发到具体负责的 LHS，目前由 CNRI 管理；LHS 提供它所管理的名称空间下的唯一标识符的解析服务。

客户端将需要解析的名称发送到 GHR，GHR 解析该名称的前半部分——命名机构唯一标识符"cnri.dlib"，并将该标识符对应的信息返回给客户端。

客户端根据 GHR 返回的信息向相应的 LHS 请求服务，LHS 解析该名称的后半部分"Dec2002-NormPaskin"，并将相关的信息返回给客户端。

值得说明的是，GHR 是一个单一的服务，而 LHS 是多个多层的服务结构。解析"cnri.dlib"的服务机构可以是并列的多个服务，每个服务可对应多个站点，而站点又可以有不同的服务器；解析"Dec2002-NormPaskin"名称的只是这个服务体系中的某个具体服务器。

Handle 系统最主要的一项工作就是解析，即在分布式环境下将 Handle 解析成相关的信息。解析的方式有多种，包括采用专用客户端，如 Grail 浏览器，或者在现有的浏览器中添加插件，使浏览器可以用 Handle 系统规定的协议同 Handle 系统的 GHR 通信；通信的方式除了可以直接同 GHR 通信外，还可以通过本地的代理服务器或者缓存服务器实现。在所有情况下，客户端和服务器端都是采用 Handle 系统定义的协议进行通信的。

4. Handle 系统的安装和配置

CNRI 负责建立并维护 GHR，同时还提供了非商业应用的 LHS 端软件和客户端软件。LHS 端软件是 Java 版本。客户端软件有如下多种选择：第一，如果用户选择通过代理服务器的方式使用 Handle 系统，则浏览器端不需要使用任何额外软件；第二，如果用户选择直接解析，则需要安装浏览器的插件；第三，如果用户需要在专业的客户端中使用 Handle 系统解析服务，则需要使用 CNRI 提供的类库，目前 CNRI 可提供 Java 和 C 两种版本的类库。

第一次启动服务器端程序并修改配置文件，可在"config.det"文件中加入获得的命名机构唯一标识符，并采用公钥和密钥获得 GHR 上的编辑权限。

（三）数字资源的定位分析

在数字资源管理系统中，通用标识符子系统由注册中心、本地 Handle 客户端、远程 Handle 服务器三部分构成。

注册中心的主要功能是管理应用子系统的相关信息，提供对应用子系统的定位。本地 Handle 客户端负责管理每个应用子系统内部数字资源的唯一标识符，提供对本地资源的定位。数字资源的本地唯一标识符和它所在的应用子系统的唯一标识符，共同组成了一个在数字资源管理系统范围内的唯一标识符，称之为 Handle。所有 Handle 的名称和值都在远程 Handle 服务器中存有备份。

在数字资源管理系统中，数据中心可以通过网络自动获取各个子系统中的数字资源，因此，一个数字资源在整个系统中可能存在多个副本。对于数据中心唯一定位到一个数字资源的过程，称为原始数字资源的定位；对于多个副本的定位，称为数字资源多副本的定位。在数字资源管理系统中，针对这两种情况，存在不同的解决方案。

1. 原始数字资源的定位

原始数字资源的解析过程可以分成两步：第一，对子系统的定位；第二，对子系统中数字资源的定位。这种定位方式主要被用于数据中心对各个子系统内部数字资源的获取过程中。

（1）唯一标识符的构成

在数字资源管理系统中，每个数字资源的唯一标识符（即 Handle）由前缀和后缀两个部分组成，前缀和后缀由"/"分隔。前缀是由注册中心分配的唯一标识符，用于标识一个应用子系统；后缀是应用子系统为其内部的数字资源分配的本地标识符。

（2）数据中心对原始数字资源的解析过程

首先，数据中心将需要解析的名称发送到注册中心，注册中心解析该名称的前半部分——应用子系统唯一标识符"2107.1"，并将该标识符对应的信息返回给数据中心。

然后，数据中心根据注册中心返回的信息向相应的应用子系统发送请求服务，应用子系统中的本地 Handle 客户端解析名称的后半部分"aviation.123"，并将相关的信息返回给数据中心。

（3）对子系统的定位

在资源定位系统中，可将注册中心称为资源发现系统，将应用子系统看成"名称空间"。每个名称空间都需要在资源发现系统中注册，对于每个经过注册的名称空间，都赋予一个唯一的名称空间标识（称为 Handle Prefix，即 Handle 前缀）和相应的管理员账号。通过这个 Handle 前缀，解析系统即可解析到名称空间的具体位置；通过管理员账号，每个名称空间可以对其空间内的名称进行权限的管理，确保每个数字资源的唯一标识符的安全性。

从逻辑上讲，当数据中心需要获取 Handle 为"2107.1/airplane.123"的数字资源时，第一步要做的是到注册中心解析前缀"2107.1"，获得该前缀标识的应用子系统的信息。但是在实际应用过程中，数据中心无须在每次解析一个 Handle 时，都链接到注册中心解析该 Handle 的前缀。因为注册中心会定期将关于 Handle 前缀和子系统间的映射关系以及子系统的基本信息传输给数据中心，并在数据中心保存一个副本。数据中心在解析一个 Handle 时，首先可以在本地查找该唯一标识符的 Handle 前缀，如果没有查到相应的应用子系统信息，则需要到注册中心解析该 Handle 前缀。这样就可以减少注册中心与数据中心直接的链接次数，提高整个系统的运行效率。

（4）对子系统内部数字资源的定位

在应用子系统中，通过内部记录号唯一地标识某个数字资源，内部记录号即 Handle 后缀。这种内部记录号加上应用子系统的服务标识号的方式，保持了数字资源标识的唯一性。

2. 数字资源多副本的定位

（1）数字资源多副本的定位分析

当数据中心通过网络自动获取到各个子系统中的数字资源后，该数字资源在整个数字资源管理系统中就存在多个副本。对于这种一个数字对象多个副本的情况，应用前面所提到的"原始数字资源的定位"方式已无法实现对多个副本的定位，但通过 Handle 系统可以实现对多个副本的定位。

（2）数字资源多副本的解析过程

数字资源多副本的解析过程与原始数字资源的解析过程不同，它遵循 Handle 系统协议，客户端向 Handle 服务器发送解析请求，并由 Handle 服务器返回客户端相应的数据信息。

在 Handle 系统协议下，一个合法的解析请求将获得所有关于该 Handle 的全部数据信息，其中包含管理员信息等。在数字资源管理系统中，只希望客户端可以解析到关于该数字对象的多个副本的 URL 地址信息，而不希望暴露有关管理员等的其他信息。因此，在数字资源管理系统中，在 Handle 系统协议的基础上，对 Handle 系统的解析系统做了一些更改，客户端不与 Handle 服务器直接通信，而是通过注册中心与 Handle 服务器通信。所有来自客户端的解析请求，不是直接发送到 Handle 服务器中，而是发送到注册中心。注册中心将这些解析请求转发到 Handle 服务器，并接收来自 Handle 服务器的消息反馈，然后过滤这些数据信息，从中提取出对用户有用的信息，屏蔽掉不希望公开的信息。

客户端向注册中心发送解析请求，注册中心接收到解析请求后，通过本地 Handle 客户端将解析请求封装成 Handle 系统协议中的 Handle 解析请求，并发送到 Handle 服务器。Handle 服务器接收到解析请求后，将返回所有的关于 Handle 的数据信息。注册中心接收到这些数据信息后，过滤掉其中的部分信息，返回客户端部分数据信息。

三、各地方数字资源库与数据中心的信息融合

（一）都柏林核心（Dublin Core）

Dublin Core 是国际合作项目都柏林核心元数据计划（Dublin Core Metadata Initiative）拟定的用于标识电子资源的一种简要目录模式。它一出现就被北美洲、欧洲、亚洲和大洋洲等地的 20 多个国家认同，不少图书馆、博物馆以及政府机构、商业组织正在或准备采用。它的拟定者是从传统的图书馆读者通过卡片目录查询、借到所需图书的办法中得到的启示：在网络上检索电子资源，也可以借助反映这些电子资源的目录信息。于是，Dublin Core 的拟定者参照图书馆卡片目录的模式，制定了 15 项广义的元数据。

1. 描述

根据元数据的定义，Dublin Core 最基本的功能在于对信息对象的内容和位置进行描述，从而为信息对象的存取与利用奠定必要的基础。当然，Dublin Core 元素集所提供的，是就信息对象的识别而言最为基本的描述信息。

2. 识别

无可否认，识别被检索的特定信息资源和区别相似信息资源不是 Dublin Core 明显的目标之一，然而，Dublin Core 中也存在一些与信息资源的识别相关的元素——日期、类型、格式和识别符，如"日期"能提供识别版本的信息，当然这对支持用户的需要而言是不充分的。

3. 定位

由于网络资源没有具体的实体存在，因此，明确它的定位至关重要。Dublin Core 元素"识别符"中的准确地址包含有关网络信息资源位置方面的信息，由此便可确定资源的位置之所在，促进了网络环境中信息对象的发现和检索，超越了时间和空间的限制。

（二）开放文献预研元数据获取协议（OAI-PMH 协议）

1. 概述

数字博物馆所储藏的信息资源多种多样，不可能用一种元数据标准进行描述，因此目前存在着适应于不同资源和不同组织的元数据标准，如 Dublin Core、机读目录（MARC）等。元数据的这种复杂性、多样性及灵活性，就要求在数字资源的跨库检索与查询过程中，必须能够对不同资源与不同组织的元数据进行集成，实现互操作。在这种背景下，产生了 OAI-PMH 协议。

因此，将 OAI 理论框架及 OAI-PMH 协议引入数字博物馆领域，用于实现分布式的数字博物馆网络框架，对推动相关技术发展具有重要的指导意义。

2. 基本概念

OAI-PMH 协议中定义了如下几个概念：

（1）收集器

收集器是一个客户端应用程序，用来发布 OAI-PMH 协议请求。作为从仓储中获取元数据的方法，收集器由服务提供者操作。

（2）仓储

仓储是一种可被访问的网络服务器，能够处理 OAI-PMH 协议的命令请求。仓储由数据提供者管理，将元数据发布给收集器。

（3）资源

资源是对象（object）或者有元数据说明的资料（stuff）。

（4）条目

条目是仓储的基本组织单元。在概念上，一个条目是用来存储和以多种形式动态产生元数据的关于单个资源的容器（container），其中每个条目均可以通过 OAI-PMH 协议以记录的形式获得。每个条目都有一个标识符，在由这些条目组成的仓储范围内，该标识符是唯一的。

（5）唯一标识符

唯一标识符用于在一个仓储内明确标识一个条目，OAI-PMH 协议请求中所使用的唯一标识符是用于从条目中提取元数据。

（6）记录

记录是具有特定元数据格式的元数据。在对 OAI-PMH 协议请求的响应中，记录以 XML 编码的字节流的形式被返回。它是从基本组织单元中返回的特定元数据，包括三个部分：Header——条目的唯一标识符、记录的时间戳、setSpecs；Metadata——记录实际资源的元数据内容；About——非必备部分，提供有关资料的相关说明，如版权声明等。

3. 技术框架

（1）要建立元数据提供者目录服务系统

作为内容提供者，要想把内容的元数据发布出去，就必须使服务提供者获取数据提供者的基地址。在数据提供者的数量较少且比较稳定的情况下，每个服务提供者可以手工维护这些基地址；但是如果数据提供者的数量比较多且基地址有变化，则手工维护就不能保证元数据的正常更新了。这就需要建立一种数据提供者基地址注册和更新维护的机制——

OAI-PMH 协议数据提供者注册系统。

（2）低成本的系统转换支持

作为元数据的拥有者，如果为元数据的发布单独建立数据发布系统，则将增加其系统运行的成本，对数据维护和更新也是不利的。这就需要为内容拥有者提供内容管理和发布为一体的元数据发布模块，使其很容易嵌入内容发布系统中，以便降低系统转换的成本。

（3）确定资源的命名体系

为了保证元数据在广泛共享环境下的一致性，需要建立资源标识命名体系，这种标识体系可以是团体范围或行业范围约定的。由于资源的多样性，一种命名体系不可能一统天下，建议根据数字对象标识（DOI）等制定命名体系。

（三）元数据编码和传输标准

元数据作为描述数字资源本身相关信息的数据，在数字资源的长期保存中起着重要作用。博物馆需要一套符合数字博物馆自身要求的更复杂、更具有表现力、更能够准确描述数字博物馆中资源的元数据格式。这类元数据格式已经存在，通常被称为复杂对象格式，目前比较常见的有元数据编码和传输标准（Metadata Encoding and Transmission Standard, METS）、多媒体框架（MPEG-21）、数据定义语言（DDL）等。同时，开放应用软件接口（OAI）也对多种元数据格式提供了支持。MOA Ⅱ（Making of America Ⅱ）项目组通过广泛的调研和比较研究，制定了适用于大学数字博物馆系统的数字资源元数据保存方案，并且采用美国数字图书馆联盟开发的元数据编码和传输标准（METS）作为数字资源的封装标准。

1. 概述

METS 是用来将数字资源相关的描述性元数据、管理型元数据和结构性元数据进行编码的一个标准，采用万维网联盟（World Wide Web Consortium, W3C）的 XML Schema 语言表达。该标准由美国数字图书馆联盟开发，由美国国会图书馆的网络发展和 MARC 标准办公室维护。

METS 标准来源于 MOA Ⅱ 项目，该项目由美国数字图书馆联盟主持开发，是在搜集、整理美国南北战争以前的美国历史上的珍贵书籍、手稿等资料，并提供相关的检索服务的基础上，提出的一种将数字对象的描述性元数据、管理型元数据和结构性元数据与原始内容一起编码的封装标准。对于一个数字图书馆系统来说，保存和使用系统中的数字对象必须对数字对象的元数据进行有效维护。对于数字对象的有效管理所需的元数据比传统的印刷本书籍管理所需的元数据更为广泛，形式上更为灵活。对于传统的印刷本书籍管理来说，图书馆通常会在馆藏资料中记录其描述性元数据信息，缺乏其他有关书籍组织结构的信息不会对书籍的管理和使用造成太大的影响；但是如果是数字化的书籍，缺乏这些信息将给资源的管理带来很大的麻烦。对于一本数字化的书籍来说，如果仅提供描述性元数据而不提供用以说明书籍组织结构的结构性元数据，那么组成整个数字化资源的各个图像和文本文件几乎无法使用；如果不提供说明数字化过程的技术型元数据，使用者就无法了解如何精确地还原原始的资料。为了保证珍贵资源的持久保存，图书馆必须能够获取这些技术元数据信息，以便定期刷新和迁移数据。上述情况是构建一个数字保存系统时必须要考虑的重要问题。MOAⅡ项目通过提供一种基于文本和图像资源的描述性元数据、管理型元数据和结构性元数据进行编码的格式部分地解决了这些问题。

2. METS 的基本组成

METS 文档采用 XML 形式表示，它主要由以下部分组成：

（1）METS 标题

METS 标题允许在 METS 文档中记录关于 METS 对象本身的最小限度描述性元数据。这个元数据包含 METS 文档的创建日期、最后修改日期和 METS 文档的状态。METS 文档还允许记录一个或多个名字以及它们所扮演的角色和活动性，还可以在 METS 文档中记录多种可选择的标识符作为 METS 根元素的 OBJID 属性中主标识符的补充。

（2）描述性元数据

METS 文档中的描述性元数据由一个或多个<dmdSec>描述性元数据段组成。每个段都包含一个指向外部元数据的指针（<mdRef>段）、一个内含元数据（在<mdWrap>段中）或者都包含。外部描述性元数据（mdRef）用于提供一个用来重新找回外部元数据的 URL；内部描述性元数据（mdWrap）用于给含在 METS 文档中的元数据提供封装器，这种元数据可以有以下两种形式：XML 编码元数据和任意二进制或文本形式元数据。

所有的<dmdSec>段都必须有一个 ID 属性，这个属性为每个<dmdSec>段提供了唯一的、内在的名字，它使描述性元数据中的每个特殊段都能与数字对象中的特殊部分联系起来。

（3）管理型元数据

<amdSec>段包含由数字博物馆的对象组成的文件的管理型元数据以及用于创建对象的管理型元数据。METS 文档中提供了四种主要形式的管理型元数据。

第一种为技术型元数据：指文件的创建、格式和使用特征的信息。

第二种为知识产权元数据：指版权、许可信息和相关条例。

第三种为原始资料元数据：关于数字博物馆对象来源的一些描述性和管理型元数据。

第四种为数字来源元数据：关于文件间的来源/目标关系的信息以及最初的数字信息与现在数字博物馆中的具体形态的文件间的移植/转换的信息。

（4）文件段

文件段<fileSec>包含一个或多个<fileGrp>元素，这些元素用于把有关联的文件分组。一个<fileGrp>元素用于把一个数字资源的所有相关文件列出。每个<file>元素都有唯一的 ID 属性，该属性为该文件提供了唯一的、内部的名字，它可为文件中的其他部分提供参考。<file>元素可以拥有<FContent>元素和<FLocat>元素。<FContent>元素用于在 METS 文档中嵌入实际的文件内容。如果这么做，文件内容必须是 XML 格式或 Base64 编码。<FLocat>元素用于标识出文件所在地址。当准备向用户显示数字博物馆对象的 METS 文档时，嵌入的文件虽然没什么突出的作用，但它可成为库中交换数字博物馆对象的有价值的特征。

（四）OAI-PMH 协议和 METS

根据 OAI-PMH 协议，数据提供者所拥有的藏品元数据格式可以是多元化的，且相互独立、自成体系，其资源或元数据库亦可能分布在多个服务器上，但并不影响其对外的发布与交换。将 OAI-PMH 协议与 METS 相结合以实现数字资源的互操作，具有如下优点：第一，METS 通过一个封装的 XML 文档表示一种数字资源，这种表示可以自然地传递为 OAI-PMH 协议响应中的元数据。第二，不论是单个文件组成的简单数字资源还是多个文件组成的复杂数字资源，在由 METS 封装后都可以采用统一的数字资源收获方式。第三，METS 提供了明确表达数字资源及其组成文件地址的机制，这解决了资源收获中的准确定位问题。第四，将一种复杂对象格式作为 OAI-PMH 协议框架中的一种元数据格式，可以产生一种明确的触发资源收割的机制。按照定义，OAI-PMH 协议时间戳是元数据的创建或者修改日期。在使用一种复杂对象格式时，这种复杂元数据是资源的一种表示，包括资源的所有组成，如多个数据流、描述性元数据等。因此，当其中之一变化时，相应的 OAI-PMH 协议时间戳必须变化。需要注意的是，这类变化有时不一定会导致封装 XML 文档的变化。如果以传址方式提供的一个比特流变化，而它的访问网址不变，那么相应的封装 XML 文档将保持不变。然而，由于在复杂对象格式中以传值或传址方式提供的比特流被视为等价，而 OAI-PMH 协议时间戳在传址方式中与在传值方式中一样，也必须发生变化，因此，使用资源对应的复杂对象表示的 OAI-PMH 协议时间戳能够探测到新资源的添加或者已有资源的修改，从而保障资源收割方与资源提供方的内容同步。第五，复杂对象格式具备区分资源（包括组成的各个数据流）的标识符和定位符的能力。第六，在 OAI-PMH 协议中使用复杂对象格式时，如同对于其他元数据一样，属性如 Set 和 About 容器（传递元数据相关的二次信息）的使用，以一致的语义应用到作为复杂对象表示的元数据记录。

（五）地方数字资源库与数据中心的信息交互

地方数字资源库与数据中心的信息交互过程大致可以描述为：首先，数据中心每天定时向各地方数字资源库发出获取信息（称为收割）的请求，获取元数据信息；随后，根据获取的元数据信息，检验地方数字资源库中的数据对象是否在数据中心存在或更新（即数据资源是否发生变化），数据中心只获取发生变化的数据对象，直到全部变化的数据对象收割完毕，完成数据同步。这样的信息交互过程，称为互操作。所谓互操作，也就是不同的计算机系统、网络、操作系统和应用程序一起工作并共享信息的能力。

地区中心（南方或者北方站点）是大学数字博物馆系统的管理机构，它摄取了全部子博物馆的数字资源副本，并对其进行管理和整合。同时，它使最终用户无区别地访问各地子博物馆的馆藏资源，提供单个子博物馆不能实现的特色服务，如多个子博物馆系统协同对某一特定主题实行联合布展。同步机制算法控制着地区中心与子博物馆间的数据同步。地区中心可以对两类站点进行元数据收割：一类是分馆，地区中心收割数字资源；另一类是注册中心，地区中心收割子博物馆相关信息。地区中心本身有一个本地分馆信息数据库，除保留子博物馆的相关信息外，还保存着每个子博物馆有关元数据收割的相关信息，如最后一次成功收割元数据的时间、历次元数据收割过程中没有收割成功的数字资源的信息等。元数据解析工具对收割到的 OAI 响应进行分析，提取出元数据和资源文件信息。元数据通过导入工具直接存入数据库。地区中心仅对在注册中心完成注册的子博物馆进行收割。从子博物馆收割到资源文件后，首先需要计算其数字摘要，然后与收割到的资源文件信息中包含的数字摘要相对比：如果相同，则表示传输过程中没有发生错误，可以导入资源文件数据库；如果不相同，则表示发生了错误，需要重新下载资源文件。

各子博物馆负责管理本地的数字资源及其对应元数据。子博物馆可以根据需要添加新的元数据，随后通知中心站点（即南、北方站点）管理员，以便中心管理员对新添加的元数据项在数据中心进行注册；否则，在收割时会发生异常。元数据提取功能根据地区中心的请求从元数据仓库和资源文件仓库中提取出符合要求的信息。在提取资源文件信息时，首先要分析对应的藏品的重要性级别，系统只提取该级别数字藏品的资源文件信息，对于其他级别数字藏品的资源文件的访问是通过中心 Handle 服务器直接定位到分馆的，故地区中心无须获得相关信息。为保证地区中心获得的资源文件的完整性，系统要对资源文件计算数字摘要并将其作为资源文件信息的一部分。元数据信息和资源文件信息共同组成 XML 格式的自定义元数据收割信息包，在对外发布时，要将其映射和封装为标准的元数据格式。系统提供了 OAI 和 METS 两种格式。

第三节　数字博物馆资源的采集与管理

一、数字博物馆资源的采集

数字博物馆资源的采集的核心任务是对馆藏资源进行数字化，即通过一定的硬件设备和软件资源将藏品转换成计算机能够识别和处理的二进制代码的过程。博物馆馆藏类型多样，从平面的书画作品到立体的青铜器、瓷器和化石等，从小的钱币到大的建筑、遗址、遗迹等，不仅涉及风、雨、雷、电的产生，还涉及宇宙的构成等。因此，数字化工作是一个庞杂而繁复的过程，必须为各类型的藏品找到合适的数字转换方法，从而建立起丰富、完善的藏品数字资源库。除这些实体藏品外，大量的博物馆研究成果和相关文献也需要数字化。藏品数字资源的采集，主要考虑采集手段和采集规范两个方面的问题。

（一）采集手段

根据藏品的类型以及可获取的数字资源的媒体形式，博物馆数字资源的采集主要可以采取以下手段：

1. 古籍类

古籍文献作为前人留下的精神财富和历史见证，内容和形式都是弥足珍贵的。它是一种非再生性的文化遗产，在长期流传的过程中，由于虫蛀、老化和霉蚀等自然损坏的情况不可避免，加之环境污染的加剧，其酸化和老化的速度也随之加快，因此，古籍文献的保存状况不容乐观。古籍文献数字化可以对此现状进行改善，它从利用和保护古籍文献的目的出发，采用计算机技术将常见的语言文字或图形符号等转化为能被计算机识别的数字符号。古籍文献的数字化可以实现古籍文献文物价值和文化价值的剥离，不仅能够将古籍文献的本体形式进行永久的记录和保存，而且可以将提取出的古籍文献所承载的内容向广大研究人员开放，从而实现更好的本体保护和价值利用。对古籍文献本体进行数字化，即获取其图像信息，可以采用数码摄像机或平板激光扫描仪来实现，即用摄像机、扫描仪等将古籍文献的文字（包括图表）以图像形式进行存储，不仅可保证古籍文献的原始状态，使版式完整保留，而且不会产生文字错误。而对古籍文献的内容进行数字化则需要经历两个阶段：第一个阶段为古籍文献内容的整理。由于古籍文献多为繁体字，其中还不乏大量的异体字、通假字等，且没有标点符号，行文格式烦琐，所以在对其内容进行数字化之前要先开展必备的整理工作，需要古籍整理专业人员对古籍文献进行底本选择、编纂、校勘、标点、注释和今译等。第二个阶段为古籍文献内容的输入，在此阶段主要有以下三种输入手段可供选择：

（1）键盘输入

此种方式需要专门的人员将古籍文献的全文通过键盘输入计算机，可利用拼音、笔画、五笔等输入法实现输入过程。在内容录入后，通常需要对文本进行校对，一般可采用计算机自动校对和人工辅助校对相结合的方式，以降低文字错误率。然而，这种依赖于人工的输入方式在速度上远远不能满足海量古籍文献急需转换的需求。

（2）光学字符识别输入

光学字符识别（OCR）输入技术是一种较为先进的自动化信息资源输入技术，它先通过光学仪器，如影像扫描仪、传真机或任何摄影器材，将影像转入计算机，再通过检测暗、亮的模式确定其形状，然后用字符识别方法将形状翻译成计算机文字。从古籍文献的影像到结果输出，须经过影像输入、影像前处理、文字特征抽取、比对识别、人工校正、文字及版面信息输出等过程。整个识别过程需要借助图像处理、模式识别技术。这种方式识别和转换的速度快，再结合人工校错，可直接将古籍文献文字转化为对应的文本，不仅提高了输入效率，而且还节省了一定的人力和物力，是目前最受欢迎和普遍采用的方式。

（3）手写输入和语音输入

随着智能输入技术的发展以及各种输入终端设备的不断完善，手写输入及语音输入已逐渐进入人们的视野，并被广泛应用于计算机和智能手机等平台上。手写输入通过手写识别技术来实现。手写识别是指将在手写设备上书写时产生的有序轨迹信息转化为汉字内码的过程，可以使使用者按照最自然、最方便的输入方式进行文字输入，可取代键盘或者鼠标。手写输入设备的种类较多，有电磁感应手写板、压感式手写板、触摸屏、触控板和超声波笔等。以上设备都可以接入计算机，使古籍文献录入人员直接录入文本内容。语音输入也称麦克风输入，它依赖于录入者的语言，通过计算机上的语音识别软件将录入者的语言内容转换成可识别的汉字。一般需要录入者对着与计算机相连的麦克风等语音输入设备发出文字的读音。语音输入也是一种自然、易用的输入方式。由于汉字的同音字较多，在进行语音录入时，系统会提供一些同音字供选择，以实现准确定位。虽然手写输入和语音输入都是较为自然和便捷的手段，但由于其需要人工进行书写或逐字拼读，不如光学字符识别输入的速度快，因此很难满足古籍文献大批量输入的需求。此外，对于语音输入而言，由于其依赖于录入者对文字的正确发音，因此需要专业从事古文字研究的人来识读古籍文献中的大量生僻字、异体字和通假字等。由于该种方式受专业限制，因此并不是人人都可以承担语音输入工作。这些问题的存在使得语音输入的方式很难被大范围使用。

2. 书画类

博物馆的书画类藏品是对书法和绘画藏品的统称，主要是指历代著名书法家或画家的作品，具体涉及手卷、碑帖、拓本、国画、油画、水彩画、水粉画和漆画等。这类藏品具有极高的艺术研究价值，是人类历史发展的重要佐证材料。然而，书画类藏品本身多由纸张、丝织品或棉纺织品等纤维质地构成，长期保存面临着诸多困难。首先，书画类藏品天然纤维质地的特性容易招致害虫，使其成为害虫的主要食物。其次，天然纤维的易吸湿性，使得书画类藏品表面容易滋生霉菌，特别是对于纸质书画类藏品而言，因为纸张中含有木质素，木质素属酸性物质，会因空气接触、光线照射和环境湿气而造成纸张氧化而变黄变脆。此外，空气中的有害物质和灰尘也会影响书画作品的保存，如有害物质二氧化硫会对藏品产生腐蚀作用；空气中的灰尘不仅会改变有机纤维质地的藏品颜色，还可能在藏品表面形成很难去除的污垢层。同时，灰尘中的许多微生物孢子，特别是霉菌孢子会破坏藏品。所有这些因素使得书画类藏品的保存现状不容乐观，长时间作用会对其外观产生显著的影响。因此，急需对书画类藏品进行及时记录，并采取更加有效和严格的保护手段。数字化的方法，不仅可以解决记录的问题，同时利用先进的图像处理技术可使观众在不接触藏品的情况下领略到藏品的艺术魅力，能有效地平衡保护和欣赏之间的矛盾。对于书画类藏品的数字化采集，主要是获取其外在数字图像信息，因此可以借助扫描仪或数码相机来实现。

扫描仪是利用光电技术和数字处理技术，以扫描方式将图形或图像信息转换为数字信号的装置。扫描仪通常被用于计算机外部，通过捕获图像并将之转换成计算机可以显示、编辑、存储和输出的数字化内容。扫描仪工作时发出的强光照射到扫描对象上，没有被吸收的光线将被反射到光感应器上，光感应器接收到这些信号后，将这些信号传送到模数转换器（Analog to Digital Converter，ADC），模数转换器再将其转换成计算机能读取的信号，然后通过驱动程序转换成显示器上能看到的正确图像。由此可以看出，扫描仪的核心部件是光感应器和模数转换器。扫描仪的主要技术指标有分辨率、灰度级、色彩数、扫描速度和扫描幅面。目前，可用于书画类藏品扫描的扫描仪主要有两种类型：平板式和滚筒式。

(1) 平板式

平板式扫描仪也称平台式扫描仪，主要是使用电荷耦合器件（Charge Coupled Device，CCD）或接触式图像感应装置（Contact Image Sensor，CIS）作为光感应器。此类扫描仪的光学分辨率为 300~8000 dpi，色彩位数为 24~48 位，扫描幅面一般为 A4 或者 A3 大小。

(2) 滚筒式

滚筒式扫描仪由电子分色机发展而来，感测技术是光电倍增管（Photo Multiplier

Tube，PMT），被认为是扫描高精度的彩色作品的最佳选择。滚筒式扫描仪采用旋转扫描对象、滚筒逐点采样的扫描方式，滚筒旋转速度很快，因此可以将很强的光汇聚于扫描对象上的采样点周围而不会使原稿受损。

不同于传统照相机通过光线引起底片上的化学变化来记录图像，数码相机是利用电子传感器把光学影像转换成电子数据的照相机。

3. 器物类

器物涵盖的藏品范围最广，且质地不一，种类众多，有石器、陶器、铜器、铁器、金银器、玉器、瓷器和漆器等多种类型，是不同历史时期人类社会生产和生活的各个方面最有力的见证物。器物类型的复杂多样性也决定了其保存环境的复杂多变，每一类器物都有其脆弱易破坏的一面。例如，漆器、骨质文物和象牙制品等有机类器物容易受微生物侵蚀，从而降低器物本身的力学性能和抗腐蚀能力。漆器等木制品，主要由纤维素、半纤维素、木质素组成，纤维内含较多的亲水基团，易导致木材的膨胀、收缩，而且半纤维素的化学稳定性也较差，温度、湿度、气体和光线等的突变，会使器物中的水分迅速流失而使器物产生变形、起翘、皱褶和开裂。骨质文物和象牙制品容易出现破裂、糟朽、粉化等现象，当遇热和受潮时，也容易发生翘曲；骨蛋白及填充于骨内的油脂类物质，很容易氧化和水解，且易受到细菌的侵蚀和破坏。大量无机类器物也同样面临着诸多不利的因素。彩陶表面的颜料容易与附着土黏在一起剥落或在干燥过程中粉化掉色。铁器容易受氧气和水分的作用而产生锈蚀。瓷器属易碎品，震动、挤压、碰撞都会使其破损。此外，操作不当也会造成瓷器的损毁。银器的防腐蚀性较差，潮湿的环境以及空气中的硫化氢和硫化物都会使银器表面氧化，使其色泽由白亮转变为灰色或黑色。这些器物的长久保存面临着巨大困难，因此也迫切需要数字化技术帮助解决器物的保护和利用问题，利用数字化技术尽快记录下器物的外在形态、色彩、纹饰和构图等信息。通常，器物类藏品的数字化采集主要分为二维数字图像和三维模型两种形式。

二维数字图像的采集主要通过数码相机获取器物的数字图像信息。为了通过数字图像的形式表现出器物的三维空间形态，通常需要多角度拍摄，获取器物的正视图、俯视图、左视图和右视图等，同时还需要加拍顶部、底部、局部纹饰特写、造型特写、立面360°、有冲口或残损处加拍特写等。在同一角度上，也要多拍几张，以防止偶尔拍虚的情况。对扁担、钱币等扁平形器物，一般拍摄正反两面，若边沿上有特殊信息，还要加拍边沿图像。器物类藏品的拍摄同样要真实地反映藏品的原貌，不能使藏品变形，不能使拍摄出的画面增大或缩小原器物的真实比例。此外，针对不同的器物，在拍摄时应注意拍摄整体的完整性，如对于三足器物，要求三足全部显示出来，不能有所遗漏或遮挡。

器物的三维模型主要是指器物的多边形表示形式，反映了器物的三维空间形态信息。获取器物藏品三维模型的手段有三种：一是软件建模，二是图像建模，三是三维激光扫描仪建模。

（1）软件建模

软件建模主要是利用三维模型建模软件 3DMAX、Maya、UG、AutoCAD 等，基于立方体、球体、锥体等基本几何元素，进行一系列的几何操作，如平移、旋转、拉伸、布尔运算等来构建复杂的模型。这种建模方式往往需要工作人员先获取器物的空间测量数据和纹理信息等，再以此为依据进行建模。其缺点是工作量大、效率低。此外，由于建模过程极大地依赖于建模人员的专业知识与经验，因此其精度无法保证。

（2）图像建模

图像建模主要是利用器物的二维图像恢复其三维几何结构，图像的精度直接决定重建效果，整个过程与人类视觉重现过程相似。根据数量来分，图像可分为单幅图像和多幅序列图像两种。单幅图像是利用对比度、灰度等图像特征确定光照的反射，再由此进一步确定图像的深度，从而确定物体的形体信息。一般来说，主要是通过纹理、轮廓、阴影三个方面恢复形体信息。多幅序列图像主要借助多幅图像信息，根据光度立体学法、立体视觉法或光流法来确定光照、反射等不变量，进而建立形体信息。这种直接使用真实照片对物体进行三维几何重建的方法，具有逼真、易用、低成本的优势。特征点的匹配是该方法的重点和难点，也是科学研究界一直在攻克的问题。

（3）三维激光扫描仪建模

三维激光扫描仪建模主要是利用三维激光扫描仪完成对实际物体的三维建模，能快速方便地将真实世界的立体空间信息、色彩信息等转换为计算机直接处理的数字信号。三维激光扫描仪与传统的平面扫描仪和摄像机相比有很大不同，它可以获得器物类藏品表面每个采样点的三维空间坐标以及每个采样点的颜色信息。扫描的结果是一个包含每个采样点的三维空间坐标和颜色的数字模型文件，可直接用于三维模型软件进行编辑和处理。这种建模方式主要依赖于三维扫描仪。三维扫描仪是一种科学仪器，用来侦测并分析现实世界中物体或环境的形状（几何构造）与外观数据（如颜色、表面反照率等性质），大体分为接触式和非接触式两种类型。因为对藏品的扫描通常需要在尽量保护藏品的情况下进行，所以基本上都选用非接触式三维激光扫描仪。三维激光扫描仪能对信息进行全自动拼接，具有高效率、高精度、高寿命和高解析度等优点，特别适用于扫描复杂自由曲面物体以及柔软、易变形的物体，但对反光物体敏感。此外，在获取物体表面三维数据的同时，三维激光扫描仪能迅速地获取物体的纹理信息，真实感更强。三维激光扫描仪利用激光测距的原理，通过记录被测物体表面大量密集点的三维坐标、反射率和纹理等信息，快速建立出被测目标的三维模型及线、面、体等图件数据。它具有非接触性、快速、穿透性好、实时、高密度、高精度和自动化等特性，能够满足藏品三维模型高精度、快速采集的要求。按照载体的不同，三维激光扫描仪可分为机载、车载、地面和手持型四类。按照测量方式的不同，三维激光扫描仪可分为脉冲式、相位式和三角测距式。脉冲式三维激光扫描仪测量距离最长，但精度随距离的增加而降低。相位式三维激光扫描仪适合于中程测量，具有较高的测量精度，通过两个间接测量得到距离值。三角测距式三维激光扫描仪测量距离最短，但是其精度最高，适合近距离、室内的测量。因此对于中小型器物，可采用相位式或三角测距式三维激光扫描仪实现三维模型的信息采集。对于亭台、古桥、庙宇等建筑的三维模型采集，则适合采用脉冲式三维激光扫描仪。然而，三维激光扫描仪不适用于表面脆弱或易变质的物体。

（二）采集规范

数字博物馆的建设实际上是一系列的标准化建设，以方便信息管理、存储、共享、传输和服务等。作为数字博物馆建设的重心，藏品资源的数字化也应遵照标准化、规范化的准则。因此，应制定统一的采集、处理、存储等标准，提高藏品信息的兼容性和共享性，为藏品信息的统一、科学管理提供基础。对于藏品的影像数据的采集，为了方便音频、视频信息的分类和著录，国家文物局颁布了相关规范，主要结合文物数据采集工作的实践，以满足有关声像数据采集著录的具体要求而编制。

二、面向服务的数字资源管理

数字资源的管理是借助计算机技术和网络技术将数字博物馆中各类数字资源进行组织，并集成在一起，以提高工作效率和服务效率，方便共享和使用。随着公众对博物馆信息需求的不断增加以及出版、教育、娱乐、旅游等行业对博物馆藏品资源的利用需求和专业获取需求的提升，数字博物馆在资源的组织和管理上都要以面向公众不同的服务需求为目的，所有的数据管理工作都必须以面向公众的服务为出发点。由于在不同的应用领域，所需要的藏品数字信息的内容和形式截然不同，因此需要根据不同的应用需求，结合面向对象数据管理的特点，随时组合、定制不同的数据信息服务，充分发挥数字资源的价值。

基于上述考虑，对于数字资源的管理体系而言，要进行以下三个层面的建设：资源层面、功能层面和服务层面。

（一）资源层面

在资源层面，主要实现数字藏品资源库建设和知识库的建设。数字藏品资源库是数字博物馆开展活动的先决条件，也是数字博物馆整体建设的根基所在。它不仅影响博物馆内部各项事务的开展，也将影响博物馆的可持续性发展。数字藏品资源的类型多样，内容丰富，表现形式不一，对于其管理，既要考虑到科学性、合理性，同时也要考虑到组织、检索的方便。因此，通常从数字藏品的媒体形式入手，构建多媒体资源库。多媒体资源库以不同的媒体类型为对象，主要由以下分库构成：一是藏品图像库，以藏品的数字图像为对象，对其进行有效组织、存储和检索的数据库；二是藏品音频库，以录制或合成的数字音频为对象，对乐曲、戏曲、歌曲、相声、解说、讲演、访谈等以及各种自然声响进行有效组织、存储和检索的数据库；三是藏品视频库，以录制或合成的数字视频为对象，对反映加工流程、制作工艺、仪式过程、表演流程、行为方式、解说录像等的动态视频资料进行有效组织、存储和检索的数据库；四是藏品三维模型库，以通过三维激光扫描仪采集的数据或建模软件制作的数据为对象，对反映藏品空间立体形态和内部结构的三维点云数据、网格数据或曲面数据进行有效组织、存储和检索的数据库；五是藏品基础资料库，以藏品的基本描述信息和解读信息为对象，对藏品名称、年代、质地、尺寸、质量、数量和出土地等信息以及经过专家初步解读的文化背景、历史意义等信息进行有效组织、存储和检索的数据库。

在多媒体资源库的实现上，可采用扩充关系数据库的方法，如采用面向对象的多媒体数据库方法、超文本或超媒体数据库的方法。

知识库主要存储对藏品本体和价值进行深层次研究和挖掘的结果，包括对藏品的器形、纹饰、图案、结构、材料、颜色、制作工艺、烧造工艺和使用语境等不同层面所具有的历史、科学和艺术价值进行深层次的分析和研究；对藏品所蕴含的非直观、超时空和连续的信息进行挖掘，如挖掘藏品所处社会环境的政治、经济、文化和社会教育等方面的情况，让隐藏的内容得以显现。

（二）功能层面

在功能层面，主要向博物馆内的工作人员和馆外用户提供使用数字藏品资源库和知识库的方法和手段。针对博物馆内的工作人员，为其提供浏览、查询、添加、删除、修改、更新、归类、统计、发布和生成报表等功能；针对馆外用户，为其提供基本浏览、检索、查询、共享、上传和下载等功能。

（三）服务层面

在服务层面，通过网络将数字博物馆与不同行业用户联系起来，建立有线或无线的连接，允许用户通过个人计算机、平板电脑、智能手机等设备进行访问。服务层面是用户面向数字藏品资源发起各种需求的直观表现层,也是数字博物馆系统反馈各种信息、提供各种服务的终极反映层。服务层面体现了用户和数字博物馆的互动和交流。此外,服务层面也是数字藏品系统服务于博物馆日常工作事务的直观通道,可以为博物馆工作人员提供关于藏品浏览、资料下载、信息查找等服务。

第五章 博物馆文化传播与宣讲体系

第一节 博物馆文化传播的内容构成

一、博物馆的议程设置与文化传播

文化取向的传播观将传播看成共享意义和空间的建构过程。博物馆建筑自身是一个公共性的空间,又参与塑造着一个更为广大的城市公共空间。因此,博物馆的文化实践既是社会交往和意义建构的重要组成部分,又是城市认同叙事的展演空间。建筑构造赋予了博物馆意义。建筑从观念和物质上决定了参观的条件。它不仅构造了展览的框架,而且塑造了参观者的经历,所以,博物馆建筑可以作为博物馆的一级叙事者。这里所提到的"叙事",在传播学视野中其实是"议程设置"——建筑师和博物馆传播者将欲传达给受众的国度文化、地域文化和艺术理念蕴藏在建筑中,该建筑是现代风格还是古典风格?所处的位置如何与城市周围环境协调?怎样用博物馆建筑彰显城市气质?能不能形成城市的新地标?这一系列的问题在设计之初就形成了城市文化的"空间议程"。博物馆作为一种独特的文化建筑,通过自身的比例、空间、色彩与质感的组织传递出独特的文化内涵与意识观念。

(一)博物馆的空间议程设置

关于空间,不同领域的学者有不同的理解。博物馆的展示艺术与空间密不可分,是对空间加以重新组织利用的艺术。人们对展品的观赏,是一种动态的观赏,时间就是动态的诠释方式。人在展示空间中,必然体验到时间的流逝和空间的变化,从而构成完整的感观体验。空间的时间性在展示设计中是客观存在的一个因素,充分运用时间这"第四维"是创造动态空间形式的根本,也是创造"流动之美"的必经之路。

1. 博物馆空间议程设置解读

博物馆可以被看作"媒介空间",不仅涉及媒介中的内容,还包括承载这些内容的媒介形式。在媒介空间中,无论人们是否处于同一时空,都能构建起可触、可视、可听的、真实与想象的环境。具体可以从三个层次对空间加以把握:有形的、可感知的物质空间,主观的意象空间,物质与经验交错的空间。

博物馆可以作为"文化空间"。公共文化空间是城市空间的重要组成部分,它与公共领域的形成、演化与发展紧密相关，是对 17 世纪以来兴起的公共性理论与"公共"概念的一种具象化表现。现代城市发展为各类公共文化空间的成长提供了良好的环境，而公共文化空间也成为城市空间架构的文化维度和高级表现形式。

2. 视觉传播语境中博物馆的公共空间

博物馆是提供"观看"和"体验"的场所，价值在于启蒙精神、传达思想，通过人们的观看、感知，帮助他们对已获得的信息进行分类、等级划分以及格式化，由此形成自己的认知和思想。博物馆通过建筑空间保存记忆，在拥有各式各样物质文化的同时，通过典藏、诠释与展示等方法，保留见证人类文明历程的历史，成为一个国家、一座城市的地标和文化殿堂。设计优良的城市博物馆往往从周边环境出发，利用现代建筑造型，将自然景观、建筑单体、城市背景和博物馆建筑内部功能相结合，充分考虑室内外空间的交融与贯通，以其内质追求建筑对历史文化和城市的贡献。按照建筑学相关理论，公共空间是有别于私人空间的人们共同使用、共同活动的空间，表明了物质空间在容纳人与人之间公开的、实在的交往以及促进人类精神共同体形成过程中体现出来的一种属性。博物馆公共空间已经从单一功能区域转变为多功能区域，成为博物馆的一部分。

公共空间的一个重要作用是形成博物馆群体空间序列。观众从进入博物馆开始一直到参观结束，要经过门厅、过厅、楼梯、通道、展厅、休息区等各种不同类别的区域，其层次、变化、节奏由不同形态、不同尺度、不同功能的公共空间来实现空间形态包括重要建筑的入口、前庭、走廊、街道及广场网格、公园、庭园以及线性空间开放系统等。静态的视觉传播方式包括场馆外部及庭园设计，亦包含展览规划布展设计、宣传图式和视觉导向标志等；动态的传播方式涵盖观众亲历博物馆大厅、连廊、展厅的空间感受，外部或内部烘托气氛的视频场景等有秩序的视觉形式，体现出设计师通过合理而巧妙的设计，增强观众审美体验的目的。

（二）博物馆内容议程设置

展示，作为现代艺术史学的重要命题，不只关乎艺术品的陈设与展览的历史，它还让我们重新梳理展示在艺术史进程中的结构性作用，重新思考艺术在不同历史时期、不同文化语境中的社会能量。

如今，博物馆不再仅仅是艺术品的库房加展厅，正在变成艺术自我颠覆和自我生成之所，它似乎已然变身成为一个剧院、电影院、教室、车间、议会和广场的综合体。同样，展示也不再只是为了陈设博物馆的丰富收藏，展示本身就意味着情境的展开、公共性的构建、社群的生产。一件艺术作品如何与它所处的物理空间和意义空间互相作用，也是博物馆展陈中的重要课题。国际上很多著名的博物馆如卢浮宫、大都会艺术博物馆、荷兰国家博物馆等都显示着这种转变，它们既有经典的艺术史展览，亦加入现代艺术巡展，并增强了公共性和文化民主性特征，在传播艺术的同时兼具公共社交空间功能。

1. 博物馆内容议程设置解读

从某种程度上说，和议程设置的第一层主题相对照，议程设置理论的第二层是关于属性的传递，而第三层是感情的传递。博物馆传播中的议程设置应用，对空间、文化和内容三个部分都起到重要作用，第三层的感情传递尤其适宜于艺术传播领域。作为博物馆的传播内容，持续不断的展览和公共教育活动都是"知识生产、意义阐述、社交互动"的重点，"内容为王"同样适用于博物馆这种媒介。举办什么样的展览、设计什么样的公教活动、采用什么样的传播策略、如何设置展览前的艺术评论等，这些议程都需要策展人和博物馆相关部门人员进行"重要性"的排序，且不同时段活动的重点、议程设置都应有所变化，呈现出一种动态的过程。

重要议程层面在于"针对不同受众的意义阐述"，展览是否符合当下的社会语境、地域文化、公众接受程度、民族价值观念等。对一些艺术大师来说，越到自己艺术的成熟期，对展览越加谨慎，会考量自己展览存在的合理性、影响力以及个人艺术名誉等问题，他们和策展人、博物馆馆方共同对展览内容的议程设置起作用，最后的展览呈现的是一种协商与妥协的结果。未来的博物馆需要用展览的形式为不同文化之间的持续对话提供合作平台。

2. 博物馆辅助阐释内容的议程设置

我国很多博物馆特别重视展览内容阐释，因为艺术展览中艺术语言不够强烈，可能会导致传达的思想不到位；通过辅助内容的介绍，受众能更好地领会艺术品蕴涵的艺术知识和信息。尤其是巡展和特展，受众没有特别多的机会反复欣赏，艺术展览的评论又未必能做到及时更新，展板介绍、标签、图册、衍生品等就能发挥重要的作用。比如：山东博物馆古罗马展的开篇介绍和结语，入门后代入感极强的标题墙设计，与中国相应历史时期的时间、事件对比图等，均具有知识传播的重要价值，让受众在展览前先领略到此次展览的历史厚重感以及古罗马文化传承、东西方文明发展的脉络。

展厅名称会对同一艺术家的作品推介起到重要的议程设置引导作用，显示出不同国家博物馆的风格，这也是艺术家会根据不同国家进行一些定制化创作的原因。比如，同一个艺术家的作品，就可能根据面貌风格的差异而被摆放在不同展厅内展出。

博物馆的空间设计中，都注重了辅助传播内容的亲民性，展厅随时可以有作为演讲、巡展甚至如符合博物馆功能要求的瑜伽、太极运动、小型音乐会的灵活空间。我国当前许多博物馆都是新建或者重新改造的，空间的功能划分细致，有专门的演讲厅、儿童探索室、小型会议室。

在杜克大学纳什博物馆里，几何形的大厅靠近落地玻璃窗的地方，有颜色明亮的沙发、圆桌，有由博物馆策划出版的书籍，有参观者的留言板。从展厅出来，可在阳光里静静坐下研读书籍，回味艺术展览，给人很强的艺术沉浸感。在展厅墙面上，同样有数码设备，配有高质量投影和耳机，供探索细节的参观者去仔细研究展品。这里的公共空间所散发的文化艺术气息，吸引着人们不断地走近它，彰显博物馆的休闲功能。

另外，作为文化创意产业的重要组成部分，博物馆商店的设计尤为重要。国内博物馆界也提出"把博物馆带回家"的口号，逐渐重视博物馆衍生产品的创意设计，将馆藏文物的历史文化和艺术价值与现代产品设计理念有机结合，开发出具有本馆优势特色的文化创意产品，这同样是博物馆阐释内容议程的重要组成部分。

二、博物馆文化传播的内容

（一）博物馆文化传播及其特点

传播与社会密不可分，社会不仅因为传播而存在，更确切地说，社会就存在与于传播之中。传播与共同体关系紧密，与我们创造并生活在其中的社区类型所产生的问题有关。对民众来说，传播是一系列的日常行为：交谈、传达、享受、讨论、获取信息。我们能感受到的生活质量就是由这些活动以及它们在社区中所进行的方式所决定的。

随着社会的进步、文化生活的需要，博物馆作为重要的文化传播媒介进入大众生活。博物馆包含着历史、美学、文学、教育等文化内涵，是人类文化的殿堂和各地区文化发展的象征，博物馆在各个地区通过传播相应的文化，春风化雨，凝聚人心，使处于同一文化区域的人在无形中形成群体意识，强化了地区和文化认同。

博物馆文化传播通过文物等符号，构成了人类的生存环境。我们生活中所说的"传播"，以及惯常的思想和研究，实质上都是与传播的传递观紧密联系在一起的，比如当我们审视报纸时，媒介是一个发布新闻、知识和提供娱乐的工具，而传播的仪式规则着眼于不同的范畴，当我们通过报纸了解世界的时候，我们就已经投身于这个世界，并且产生了对于世界的观点，所以，传播并不在于信息的流动，而在于构建读者的生活，媒介为生活提供了一种整体的形式和调子，最终构建一个群体共有的文化共同体。博物馆文化传播正是遵循这样的规则，在观众中建构起特定的文化空间，根本目标是通过文化氛围塑造同一文化共同体。

早期的博物馆传播模式沿袭拉斯韦尔的大众传播模式，整个传播过程分为传者、受者、讯息、媒介、反馈五个要素。这一阶段博物馆主要强调自身的收藏、保存和研究功能，因而整个传播过程就是信息的传递过程，博物馆馆体及其全部工作人员处于传播者身份，通过陈列、展览等媒介形式传递文物藏品信息，参观者作为接收者处于被动的一方，反馈在这个传播模式中作用甚微。在新传播技术的赋权下，互动性成为博物馆文化传播的新特征和吸引点。众多的博物馆都设置有多媒体展厅，利用各种先进的电子设备全方位呈现文物，让文物"活起来"，与此同时设计一些有趣的小游戏，加强与观众之间的互动，增强了对于展出意图及其背后文化的理解。博物馆文化传播体现的趋势是互动化，当然这是技术支撑之下的互动性，博物馆文化传播更深层次的要求应当是文化取向的互动。

承载文化记忆是博物馆天然的属性，文化记忆是伴随当下环境所进行的再现与重构。在数字技术的帮助下，博物馆文化传播方式从实体转换为在线数字的虚拟形式，文物的展现方式、观众的互动方式和与现实环境联结的形式均发生较大变化，新的文化记忆在与观众的动态互动中被建构。

文化是流动的、柔性的，但力量却是最强大的。博物馆文化传播在当下被赋予更高的使命，即建构文化共同体，其中体现了博物馆文化传播具有建构性。大到国家，小到社区，本质上都是一个整体的存在，共有的文化维系着群体的团结。即使是一个临时组建的团队，也需要共同认可的信仰和目标来维持整体内部稳定。分布广泛的博物馆成为每个国家、每个地区，甚至每个行业、企业凝聚文化力量的选择，博物馆成为所属集体的必要中介，通过文化传播建构所属群体的文化信仰，增强共同体的凝聚力。

（二）博物馆文化传播的治理功能

1. 博物馆文化传播对主体的塑造功能

博物馆是改造人的行为、塑造主体和社会的文化技术机构。博物馆从内部塑造公民一系列新的权力、新的知识与权力关系，即通过"文化治理"来实现博物馆自身价值，首先体现在它对于公民主体性的塑造。

博物馆成为塑造主体的场所是通过改进自身组织和公众关系实现的，博物馆将珍贵的文化"知识化"，由此诞生一系列具有审美和教化功能的学科，如考古学、人类学和艺术史等，这些学科打开了新的视野和话语体系，它们被有序嵌入博物馆空间，成为思想和秩序的表征，博物馆为这些知识的出现和传播提供了条件，引导参观者以新的方式认识自己、处理事情和塑造事情，使个人进入新的秩序之中，这里代表着自由、民主和审美。公众自由免费进出博物馆使其觉得自己成为权力的主体，通过参观主动塑造自我、管理自我，成为具有良好道德、规范行为方式和现代文明理念的主体。

2. 博物馆文化传播对共同体的培养功能

从 20 世纪中叶开始，博物馆"社区化"成为美国、日本等博物馆业发展较为成熟地区的新趋向。这一概念中的"社区"范畴既涵盖行政区划意义上的物理空间，更涉及以共同自然、人文、历史等认知为前提的"共同体"概念。博物馆文化传播普遍围绕共同体问题，致力于通过艺术文化项目实现以共同体主体为中心以及构建区域秩序等目标，解决共同体塑造问题，增强集体意识和集体凝聚力。

在以"共同体"为中心的理念引领下，博物馆文化传播不再被限定于收藏、展示文物的传统范畴，文化传播的内容可以根据实际需求灵活转变，通过实施文化行为引导解决共同体问题，形成服务于共同体的全新机制。

在这个过程中，博物馆文化传播不再是单向的传递，参观者化身成员参与到博物馆文化生产和传播的环节中，博物馆的角色也发生了转换，由"呈现者""传播者"转向"同行者""引导者"和"治理者"，博物馆文化传播不仅是发掘馆内文物，传播有限的知识和观念，"共同体"成为博物馆文化传播全新导向，内涵还涉及与政府职能部门、专业机构的配合，共同探讨同一区域下环境、人文等问题的解决方案，围绕共同体设计文化与教育项目来实现对个体兴趣激发和意识启蒙，满足共同体的文化需求。

第二节 博物馆的宣教讲解技巧与团队建设

一、博物馆的宣教讲解技巧

（一）博物馆宣教讲解相关知识

1. 博物馆讲解员的职责

讲解是以展览及文物（标本或展品）为讲解内核，由讲解人员进行提炼、选择、补充和拓展，运用适宜、恰当的语言艺术、讲解技巧和感情，向观众有针对性的传播知识和信息的一种教育行为。它具有进行思想教育、传播科学文化知识和辅助审美引导等功能。从整个讲解实施过程来说，它包含了文物（标本或展品）、陈列、讲解员、观众等四个基本要素，前两者为客体，表现形态为"物"；后两者为主体，表现形态为个人或群体。它们之间并非处于孤立状态，而是相互联系的矛盾统一体，为讲解的方式、风格、语言及讲解员应有的气质风貌等提供了基本内涵。完整的讲解必须处理好这四个基本要素之间的关系，加强对文物（标本或展品）所包含的文化审美价值的理解，以切实达到艺术化的讲解和讲解的艺术化。

按我国博物馆内部机构及岗位设置惯例，将主要承担宣传、教育、讲解、咨询等工作职能的部门，划定为宣教部（或群工部、教育服务中心、开放服务部等），而该部门中主要承担讲解、宣教、推广工作的人员，则统称为讲解员。讲解员是历史、文化、社会、地理、风俗及相关文物知识的传播者，是观众与博物馆、展览馆之间的桥梁。"讲解员"作为正式的职业称谓，已经有了专门的国家职业资格培训教程，并适用于国家职业技能鉴定，方便对行业规范和发展进行科学衡量。在博物馆事业蒸蒸日上、讲解艺术异彩纷呈的今天，更需要讲解人员以专业的素质、良好的形象、渊博的学识、生动的讲解，有效实现博物馆的教育职能，使参观者对讲解员产生由衷敬意，甚至从心底里把讲解员当作老师，以谦虚礼貌的态度享受每一次咨询、引导、讲解服务，这不仅是全社会公民文明素质显著提升的实证，更是对讲解事业的最大支持和理解，也是讲解艺术得以不断提升的最大源泉和动力。

2. 讲解艺术的关键词

置身于飞速发展的信息时代，许多传统的工作方式都处于不断更新与丰富中。不论是发表严谨的学术论文，还是搜索各类业界资讯，以叙词和自由词为主的"关键词"都显得不可或缺。它们既概括了文献的主题概念，又适应了计算检索的需要，还能帮助人们全面迅速地了解史料的来龙去脉、事件的总体过程、知识点的相关延伸。因此，不论是录入者还是使用者，只要"关键词"选择和运用得当，都能充分享受现代高效率的科技成就，达到事半功倍的效果。

（二）博物馆宣教讲解技巧

随着文博事业的迅猛发展，现代博物馆已不满足于单纯展示本馆特色的长期陈列，而观众也不满足于反复参观同样的展览。为了更大限度拓展博物馆的陈列内容，扩大观众群体、尽显文化魅力，博物馆开始多方挖掘展览潜力，举办与长期陈列形成互补、适应现代发展趋势、符合观众需求的各种临时展览。由此，在潜移默化中，让观众逐渐增加知识面，提高艺术鉴赏力和文化品位，也让博物馆"常展常新"，在观众面前保留新鲜感。从大的方面来看，这还是我国打造"和谐社会"，构建"和谐文化"的一种体现，是从观众的角度出发，想观众之所想，展观众之爱看，讲观众之愿听，充分展现了现代社会"以人为本"、创新进取的发展理念。

因此，在面对不同类型的专题展览或是承担讲解接待时，讲解员对于讲解技巧的掌握与运用就显得至关重要。

1. 完成公务接待的步骤

现代博物馆一般按公务、团队、学生、散客等观众类别来区分宣教讲解形式。具体来说，公务接待可细分为国内公务接待、外事公务接待；团队讲解按照组织者可分为旅行社、各行业、社会各类培训机构等；学生讲解按年龄可分为大学生、中学生、小学生、幼儿等；散客按照来馆情形可分为亲子游、朋友聚会、个人游等。可以说，观众类别的不同，催生了讲解形式的多种多样。也正是通过深入研究不同观众的不同需求，博物馆讲解员得以从"以人为本"的角度出发，不断完善和提升"因人施讲"的质量和境界。

目前，业内普遍认为，公务接待是博物馆讲解接待类型中政治性最强、最为严谨正式的一项，它既是对展厅讲解基础工作的全面检验，又是对讲解员的严格考核。从全国博物馆宣教现状来看，承担公务接待特别是带有警卫级别的高规格接待，都是委派馆内优秀讲解员担纲。这个位置，往往需要经过多年的培养训练、层层选拔、综合考核才能确定，而获此殊荣者也必须长期虚心反省、戒骄戒躁、广泛学习，才能精益求精、与时俱进。

2. 讲解艺术中的"因人施讲"

"因人施讲"是业界公认的讲解最高境界，在探索和实践"因人施讲"的过程中，许多文博同行、专家都曾撰文阐述个人观点，丰富和夯实了"因人施讲"的理论内涵与现实基础，证实了"因人施讲"是从日常实践发展到理论研究，再以理论研究成果来指导具体实践的提升过程，并且通过一些切实可行的途径和方式，来最终到达目标。

（1）"因人施讲"的前提

讲解，作为我国博物馆社会教育的一种手段，是联系博物馆与群众的桥梁，关系着博物馆的公众形象，在如今倡导"以人为本"的理念中，显得尤为重要。因为任何一件展品，都是静止的、被动的，需要通过我们的介绍，让观众了解它们的内涵、意义、来源等。这样，才能使观众有所启发，有所收获。

（2）"因人施讲"的基础

"因人施讲"的基础就是：厚积薄发、博学多才。在这八个字里，既有量的积累，又有度的要求，是纵深与横向的互补与关照。

简单说，讲解员既要做专家，又得做杂家。要从深度和广度两个方面不断拓展对馆内展示内容的掌握程度，这样才有可能在具体讲解过程中胸有成竹、游刃有余。

（3）"因人施讲"的方针

"因人施讲"的方针可以总结为十二个字："是什么，为什么，给谁讲，讲什么。"

"是什么"很容易，依据讲解词的内容就能解决，涉及的都是些基本的概念、要素和物件。

"为什么"需要额外做功课，比如历史相片要知道它的背景、来历、人物的情况，文物要知道来源、年代、意义、征集的过程，事件要知道起因、过程、结果、意义和影响。

"给谁讲"开始变得复杂了，不仅要求讲解员对展示内容熟悉，要有娴熟的讲解技巧，而且涉及观众心理学、现代教育学理念，要能快速判断观众的心理特征、爱好、类型，以便采取最适合他们的讲解方式。

"讲什么"最考验讲解水平，需要根据观众的不同年龄层次、不同文化水平、不同心理需求等情况区别对待。

一般情况下，我们会把讲解对象区分为党和国家领导人、国内各省市党政考察团、各国友好访问团、各类学术会议团体、企业团体、旅游观光团体、学生团体、家庭或散客等，不同的观众，其参观目的、参观时间、听讲兴趣与需求都不一样。有经验的讲解员，会针对以上因素，跳出展厅陈列的框定，以展示内容为基点进行有效延伸和拓展，不断丰富、变化、更新讲解内容，做到更规范、更有序、更具操作性，永远给观众耳目一新的感觉。

（4）"因人施讲"的表现

"因人施讲"的突出表现就是发挥讲解的原创性，确保"常讲常新"。

综合来看，原创性的讲解与常规讲解的区别，主要在于讲解员的主动意识与灵活应变，包括讲解前主动了解观众，主动搜集与观众相关的信息，确定相应的讲解内容及撰写专门的讲解词；讲解时细心观察观众的表现，主动引导其提问，准确判断其对展览的关注度及兴趣点，全面掌控整个讲解的节奏和进程，既突出展览，又兼顾观众情绪，全程做到游刃有余、有的放矢、自信大方、灵活应变；讲解后认真回忆，总结讲解中成功与欠缺的地方，并主动记录观众问题，对于概念模糊或是之前没有注意到的部分，逐一查询了解，选取其中具有代表性的精髓，加入讲解词中，脚踏实地、聚沙成塔。

时代在前进，体制在改革，人的观念也不可能一成不变。"因人施讲"这四个字，我们已经耳熟能详，但如何才算真正完善了这一体系，仍是进行时，它会随着讲解实践经验的累积、社会关注点的转移、现代智能生活的发展而不断创新、提炼、变化。

比如，过去博物馆界对于藏品、研究、展示、教育的重要性，孰轻孰重、排位先后，都有过不同侧重和阐释。而今，也更为关注观众的心理需要，强调展示、研究和教育在受众当中的真实效果。由此及彼，在"因人施讲"的宣教理论体系中，应该为"因物施讲""因展施讲""因需施讲"留下一席之地。它们四者之间的关系，"物"和"展"即文物及展览，是进行讲解的介质、是载体；"人"和"需"即观众和需求，涉及讲解对象及其心理需求。

当观众不再盲目参观、跟风听讲，而是真正明白自己要的是什么样的讲解，能够明确提出要求，而博物馆的讲解员，也能切实做到每一批讲解都不雷同，突出针对性和唯一性，这才是现代宣教讲解事业在"因人施讲"方面的一大进步。

二、博物馆的宣教讲解团队的构建

（一）宣教讲解队伍的规范化

就目前博物馆的发展状况而言，宣教讲解队伍的培养至关重要，需要制定长期而明确的培养计划，储备一支能适应各类接待任务的讲解梯队，使其具有创新开拓的发展意识、爱岗敬业的职业道德、扎实全面的专业能力，除做好讲解工作外，还能完成好各类专题活动及临时出现的其他任务，能始终充满活力、潜力和战斗力，只有这样，才真正算得上是素质高、技术硬的队伍，才能适应新形势、新任务的要求，全面实现教育的规范化，切实完成神圣的教育使命，不断完善博物馆教育系统。

1. 规范化选拔标准

如果说，珍贵丰富的文物藏品，新颖独特的陈列手段，是博物馆的立足之本，那么充满活力的宣教讲解队伍，就像跳动着青春脉搏的血管，是博物馆的魅力之源。宣教讲解人员数量的多少，不是其中的决定性因素，关键在于个体的能力与心力。

在为宣教讲解群体选苗的过程中，应当通过规范的审查，确保报考人员符合常规标准的要求，如学历、专业、身高、普通话水平、外语程度等，并经过笔试、政审、面试、体检等环节择优录取。

在面试时，除了评定报考人员长相、音质、特长、组织能力、应变能力等综合素质外，还应注意分析判断应聘人员的可塑性，提前预测其在讲解之路上可能达到的高度，有助于跳出死板生硬的框架，不拘一格选拔出具有发展潜力的讲解人才。

值得注意的是，以往大多数博物馆在招聘讲解员时主要倾向于综合素质和临场表现，对于学历、专业等要求有所放宽。如今从行业发展现状以及长远发展角度来看，教育、艺术、心理学等专业人才恰恰是一支多元化的宣教讲解队伍必不可少的合成要素，是组建馆内教育团队的核心力量之一。因此，在设置讲解岗位时应该对此提出明确要求，严格选拔相应的优秀人才。而当拟聘人员进入单位试用时，需要适当放下此前对她（他）产生的第一印象，让其在评判者或是考核者心目中拥有全新的起点和自由发展的空间。简单说，就是不受此前基础印象分的影响，不给应聘人员过早定性，有助于充分发掘其自身潜能，全力攀登事业的顶峰。

2. 规范化培训程序

在上岗前的培训中，应充分重视讲解员的心理，除了将经过审核的规范讲解词提供给受训人员让其熟悉、记忆外，还要从几个方面加以辅助，如听取资深讲解员的讲解和介绍，学习他人的现场应变能力及不同的处理方法；熟悉展馆的设施及周边情况；了解全馆日常工作安排，特别是宣教讲解部门日常工作程序等，以便让受训人员迅速融入博物馆，加深对全馆的了解，产生归属感。

通常来说，新讲解员在刚开始培训时，会感到新鲜好奇，希望快速了解全馆内容，提前完成既定目标。这时，作为培训老师，要鼓励这种积极态度，为其明确好培训目标，确定其在各时间段内应该达到的程度。随后，在正常培训计划中，增加每周的小考核，听取他们的讲解汇报，掌握其最新进展，及时发现不足之处并加以纠正，引导、督促其在未出现不当的讲解习惯前，逐渐形成规范的讲解风格。而在培训中期，由于内容增多，对专业术语的理解有困难，新讲解员背诵讲解词的进程明显减慢。针对这种现象，培训老师应及时加以疏导，找出症结所在，并用自己掌握的丰富信息帮助其加强对文物、展品、陈列内容的理解，进一步提升他们的兴趣，使其摆脱双重抑制的影响。而在培训后期，当受训人员基本能够通讲全馆时，要及时进行考核，让其既有动力又有压力，并再次检验其培训以来的变化和成绩。当她们正式上岗后，应及时询问观众对讲解员的看法和意见，指导其改进工作，让讲解新人由简入难，在专业道路上稳扎稳打，沉着前行。

对于重要接待，在选派讲解人员时也需慎重考虑，既要创造机会，又要确保讲解质量。不论新老讲解员，只有真正承担了重要接待任务，才能做到理论联系实际，产生切实的心得体会。所以，在充分信任被选人员能力的前提下，要对其进行单独试讲，提醒其做好讲前准备，针对来馆领导的参观视察目的、在馆时间、全天行程安排等，提前确定馆内讲解路线、讲解重点、讲解细节，做到充分准备、灵活应变。

经过几次锻炼之后，讲解员的心理素质也会有明显变化和提高，这就是一种成长。但是，也有可能在某次接待过程中，由于讲解员经验欠缺，临场应变能力较弱，有些细节处理不够完好，出现了尴尬局面。对此，不能简单批评指责，而应与当事人认真分析原因，传授自己的处理方法，让其"吃一堑，长一智"，杜绝此类失误再度出现。

3. 规范化管理手段

如果说规范的岗前培训为讲解员步入全新的职场生涯奠定了坚实的基础，那么，规范的日常管理则确保了讲解员在发展道路上稳步前进。

（1）推行科学的管理模式，强调执行力度

就宣教讲解部门而言，从人员配置、前台咨询、展厅讲解、服务规范、接待程序、重要接待纪要、观众数据统计、部门档案管理、培训记录等各方面，都作明确规定，有助于为打造规范化的宣教讲解队伍奠定基础。如在讲解接待方面明确规定：正常上班时间内，前台咨询处（现为游客中心）确保两名讲解员值班；所有预约接待，相应讲解员必须提前十分钟到馆门口等候；在参观过程中，需提供正规而不失灵活的讲解服务；参观结束后，引导观众留言，并目送其离馆；对于重要接待，还需提前准备文房四宝用于领导题词，接待结束后讲解员按规定格式撰写重要接待纪要，说明配图情况，并及时上报。与此同时，我们也应认识到，规范的讲解接待流程、完备的管理模式还需要执行力度的配合，只有将其落到实处，才能真正发挥作用。

（2）通过竞赛提升服务质量，强调榜样效应

通过竞赛提升服务质量，通过榜样可以促进素质提升。通过竞赛，会使一些热心为观众服务、工作表现优秀的讲解员脱颖而出，为大家树立起学习的榜样，起到潜移默化的带动作用。

（3）强化年度培训，提升专业水平

讲解员的培训，是一项长期而系统的工作。如果单单靠上岗前的培训，显然不够。为了全面提高部门人员业务能力和水平，一份详尽的部门培训计划必不可少，具体有业务培训、季度考核、技能大赛三部分内容，需要坚持做到"有计划、有重点、有考核"。其中，业务培训包括日常晨练、展厅试讲、部门研讨、实地参观、阅读提高等环节，使培训深入每天的工作学习中，不断加强对本馆内容的了解和延伸。特别是在部门研讨方面，除结合全馆的学习培训活动计划外，每个季度还在部门内开展一次专业研讨会，选定统一的论题，要求部门成员提前准备、认真撰写，再集中讨论、现场点评，以此全面提高大家的思维、写作、表达、总结等综合能力。同时，还要有意识地培训讲解员的灵活性，使其能随机应变、灵活自如地应对各种突发状况，并在部门规范中作出相应的规定。通过细致的培训，再加上季度考核及技能大赛的检验，进一步促进讲解员的成长，为培养专家型的宣教讲解人才迈出探索的步伐。

（4）抓好绩效考核，强调工作进度

博物馆需要确定每项工作的完成时间及需要达到的效果，真正实现目标明确、质量保障、事无巨细都有章可循。而在部门季度考核时，每位成员都要根据自己的目标，撰写季度总结，再由部门根据工作量、工作成效、创新能力等各方面进行考核，上报考核结果，最终由全馆考核领导小组讨论通过。这其实也是对全年工作任务的整体梳理，让大家清楚本季度各项常规工作和专题任务的完成情况，以及下季度要着手准备的工作等，做到心中有数。不仅及时推进了工作进程，促使各项活动有条不紊地完成，还将工作责任心与时效性牢牢植入员工的潜意识中，强化了其工作的主动性，起到了事半功倍的效果。

（二）志愿者队伍的建设

志愿者也叫义工、义务工作者或志工。他们自愿奉献个人的时间和精力，在不谋求任

何物质、金钱及相关利益回报的前提下，参与社会公益活动，为帮助有一定需要的人士开展力所能及的、切合实际的和具有一定专业性、技能性、长期性的服务活动。

伴随着改革开放不断前行的步履，我国志愿服务活动应运而生，不论是志愿者身份，还是志愿服务领域，都得到了多方挖掘和利用。其中，文化志愿者也渐渐浮出水面，带领人们游弋在文化艺术的海洋中。

充分发挥博物馆志愿者和博物馆会员等社会力量的作用以推动博物馆发展，这是当今博物馆发展的一个重要理念。中国的博物馆事业正在经历前所未有的发展时期，在这个背景下，博物馆志愿者的作用越来越突出。充满感召力和凝聚力的志愿者群体，可以更好地传播博物馆的文化，吸引越来越多的人参与到博物馆事业的发展中来。而作为博物馆志愿者，除了应具备普通志愿者的一般特性，如不计报酬、助人为乐、友爱互助、团结进步等，还应该认同博物馆文化，具有一定的博物馆专业知识，能够承担起社会教育、公众服务和文化传播等相关职能。目前，中国绝大多数博物馆仍将讲解视作博物馆教育的基础工作，中国的博物馆志愿者主要从事讲解工作。

1. 志愿者的主要工作与职责

近年来，我国博物馆志愿者队伍发展十分迅速，为博物馆提供义务服务的范围也日益广泛，如担当宣传员、接待员、导引员、讲解员、咨询员、售货员，或发挥个人所长，从事其他专业工作，如整理目录、开展专题研究等。由此可见，博物馆志愿者人员构成多元化满足了博物馆不同岗位的需求，志愿者已成为博物馆重要的人力资源。

2. 志愿者的选拔与管理

博物馆志愿者需要为博物馆开展具有一定专业性、技能性、长期性的服务活动。因此，并不是所有人都可以成为博物馆志愿者，而是要经过一定的选拔、培训与考核程序。博物馆加强对志愿者的选拔与管理，不仅能够更充分地发挥博物馆的功能，提升服务的质量，更增强了博物馆与观众之间的黏性，对促进博物馆真正融入社会，完善自身职能有着重要的作用和意义。

博物馆可以根据自己工作的需要，设置相关的标准和程序，选拔志愿者。美国博物馆的义工，采取长期及定期征募的方式，由博物馆自行公告征募或通过义工社团的推荐。美国博物馆非常重视应征人员的专业知识、特殊技能、沟通技巧、经验以及个人兴趣，从而有所取舍。

博物馆志愿者在正式入职前还要接受系统的培训。志愿者培训可以增强志愿者的认同感和归属感，提高其对博物馆环境的适应力，也能为博物馆创造更大的服务空间，实现博物馆与志愿者的双赢。中国国家博物馆的志愿者需要参加 30 个小时的基础培训，培训内容包括业务知识、服务礼仪、讲解技巧等。完成培训的参选者还要分入各展厅，参加一个专题的试讲及考核，成绩合格者才能上岗。培训的目的，在于使志愿者在参与之初，专业而系统地了解相关知识，加深其对志愿工作深层意义的理解，避免凭借一时心血来潮的热情。

博物馆应将志愿者培训作为一项长期的文化公益事业去做，不仅要解决目前的实际问题，还要着眼于长远发展；不仅要促进博物馆事业的发展，也要促进志愿者自身的进步。

3. 志愿者宣讲队伍的建设策略

（1）结合本馆现状，明确培养主体

博物馆志愿者队伍的构成，就其身份而言，一般以学生、社会在职人员、老年人三大群体为主。在年龄、阅历、时间、精力、知识结构等各方面，都有较大差异，也存在各自的优势和不足。因此，博物馆在面向社会进行招募之前，应根据本馆定位、岗位需求，放眼所处城市的大环境，确定适合的培养主体。这关系到整个志愿者队伍建设的可持续发展，需要审慎面对。

（2）结合活动形式，有效转化

博物馆志愿者队伍的建设是一项长期事业，非名利项目、政绩工程。因此，在志愿者队伍的组织管理方面，特别是培养心态上，博物馆应放下数量概念，严把质量关。志愿者流失现象并非只出现在文化领域、博物馆界，而是普遍存在于各个领域。所以，大可不必囿于人数骤减带来的负面情绪，影响到正常的培训计划及安排。特别是培训负责人员，要避免受志愿者数量变化的影响，坚持尽心尽力、有条不紊地开展培训。何况有流失，也会有新增，志愿者培训的意义不在于培训了多少人、流失了多少人、剩下了多少人的简单数字说明，而在于有多少人通过这一途径，参与到了博物馆的工作中，了解并爱上了博物馆。除却这一隐性的教化作用，其意义还体现在帮助大学生志愿者发掘了自身潜力，了解了城市现状，方便其未来择业，这也是博物馆宣讲工作者应该承担的社会责任之一。当然，志愿者队伍的建设也在这或自主或被动的"双向选择"中日益走向成熟和稳定。

（3）关注突发问题

博物馆志愿者队伍的组织管理，是一项长期系统的工作，烦琐具体，既需要制定好相应管理制度，有章可循，又需要负责人员有足够的耐心和定力，有丰富的管理经验和方式。

在志愿服务过程中，还需随时注意突发事件，及时寻求解决办法，避免不良现象滋生蔓延。同时，还要想办法让他们充沛的精力有适合的宣泄渠道，逐渐养成良好的志愿服务习惯。

第三节 基于社会需求的宣教讲解工作及其创新

一、基于社会需求的宣教讲解工作

(一) 博物馆的社会需求探讨

1. 社会需求社会化和市场化

中国的经济迅猛发展，国际地位提升，随着要增强中国的文化软实力，大力发展文化产业，文化越来越走向社会化和市场化。博物馆作为历史文化的展览馆，积淀了众多的文化古物，它也正朝着社会化和市场化发展。博物馆的宣教讲解工作只有符合社会需求，争取更多的市场，才能取得更好的社会效益和经济效益。如果博物馆的宣教讲解工作不迎合大众的需要，不为大众提供更多的社会服务，那么博物馆将无人赏识，博物馆里积淀的历史文化也将得不到更多的认可。所以，博物馆的宣教讲解工作必须千方百计地走社会化的道路，跟着大众走，跟着市场走，加强宣教讲解工作的开展。

2. 社会需求多元化和个性化

随着经济的发展，人们的物质生活水平得到提高，人们有条件追求更高层次的精神享受，自然而然，人们对博物馆文化需求也就呈现多元化和个性化的趋势。为了迎合市场，符合大众的口味，博物馆的宣教讲解工作要根据观众不同的层次要求进行特色化的服务，为观众提供多元化和个性化的服务。所以，各个博物馆要立足于本馆的历史文化，从实际出发，充分挖掘可以用的具有特色的资源，从而占据有利的市场。

3. 社会需求品位提升

当人们的物质生活得到满足时，人们对生活就会提出更高的要求，而不仅仅局限于解决温饱问题，他们对文化娱乐的需求品位也会相应地提升。如今，博物馆的讲解员已经不能局限于对博物馆陈列的文化进行基本的介绍，还要探讨陈列的主题和社会观众的文化感受力。在博物馆的宣教讲解工作中，工作人员要始终保持一种审时度势的态度，根据观众的需求，高标准地要求自己的工作。

4. 休闲娱乐性增强

生活在快节奏的时代，人们的工作步伐加快，竞争异常激烈，所以在闲暇时间里要有一个相当放松的环境进行休闲娱乐。随着人们对生活质量的重视，越来越多的人走向文化场所休闲娱乐，接受更高品位的文化服务。人们参观博物馆，除了学习知识，更多的是享受一种工作之余的休闲娱乐，他们希望自己能在博物馆轻松愉快地度过假期。所以，博物馆的宣教讲解工作要向着娱乐这个方向倾斜，尽量减少博物馆里那种严肃厚重的文化氛围，多增加一些休闲娱乐项目，在整个文化讲解中适度地增强娱乐性，从而起到寓教于乐的作用。

（二）博物馆的公众观众

1. 博物馆公众和观众

（1）博物馆公众

在相当长的时间里，博物馆被视为主宰教育的社会机构。博物馆是教育行为的主体，"观众"是接受教育的客体。随着时代的进步，博物馆和"观众"的关系正在悄然转变。信息时代背景下，博物馆与其服务对象之间的互动日益频繁，"观众"也不再是与博物馆进行互动的唯一群体。

博物馆"公众"与博物馆"观众"二者具有紧密联系。观众是公众的组成部分之一，公众的主体就是观众。公众和观众随着人的行为变化而变化，在某个时间内他（她）来到博物馆，于是就由公众转化为观众；当其结束参观后离开博物馆，那么他（她）还是这个博物馆的公众。同时，二者又有明显的区别：观众可以统计，公众无法统计；公众包含观众，公众的绝对数字要大于观众。

（2）博物馆观众

博物馆观众是以博物馆参观、体验为目的，通过访问博物馆，享受博物馆提供的各种公共服务的群体。在从"以物为本"到"以人为本"的博物馆转型背景下，服务观众是博物馆的根本宗旨。

2. 博物馆观众的类型划分

受众是传播学的概念，其含义是指一些物质、信息或资料的接受者。在传播学视域下，博物馆的观众自然转变为受众。信息传播具有五要素：传播者、信息、媒介、受众、效果。

在受众理论中，博物馆作为信息的传播者，其信息传播效果受到传播者的自我形象、传播者的个性结构、传播者的社会环境、传播信息的内容等多重因素影响。同时，博物馆观众作为受众，会受到自我认知程度、知识水平、信息接收能力等因素的影响。

在博物馆信息的传播过程中，高学历观众希望博物馆藏品具有较高的历史、科学、艺术价值，讲解内容严谨周密，信息含量大，而低学历观众则希望讲解内容简单易懂，对信息量的大小要求不高。由此可知，学历、性别、年龄、参观动机、参观方式等内容决定了受众的类型，如何根据受众类型调节信息容量、选择媒介形式，是影响博物馆信息传播效果的重要前提。

3. 博物馆的目标观众

博物馆观众类型划分的目的是准确定位目标观众。理想状态下，博物馆活动都具有开放性、广泛性特征，允许所有的观众参加。但实际的情况是，由于活动主题、展现形式、举办时间的限制，以及对观众的身体条件、知识水平、艺术欣赏能力的要求，某项特定的博物馆活动总是会对社会公众的特定部分最为适合，这一特定群体就是博物馆活动的"目标观众群"。在特定的博物馆活动中，尤其需要关注目标观众群的诉求。因此，在博物馆活动的选题策划阶段，必须首先明确目标观众群，然后根据目标观众群的需求为之量身打造活动内容。

为了更好地服务目标观众，博物馆应当成立观众研究部门，对观众的参观取向进行研究；博物馆可以开发更多具有针对性的教育项目，以满足不同目标观众的需求。博物馆存在大量潜在观众，这一群体往往缺乏强烈的参观欲望，只在特定条件下才会转化为博物馆观众。对目标观众进行研究的目的就是要寻找满足某类潜在观众需求的特定条件，从而促使这部分潜在观众转化为博物馆观众。

（三）结合博物馆的需求开展宣教讲解工作

1. 解放思想，增强实践

博物馆作为历史文化的展览馆，具有很强的理论性，然而这在很大程度上取决于社会实践，博物馆的宣教讲解工作更要有很强的宣教讲解理论，开拓创新精神。博物馆的社会需求是需要宣教讲解工作人员去不断挖掘的，在文化宣传中，要拓展宣传渠道，积极宣传博物馆蕴含的文化知识。博物馆的宣教讲解工作者要解放思想，改革创新，为博物馆争取更多的市场，提供优质的社会服务。

2. 提高宣教讲解人员的素质

博物馆的服务质量对社会需求有很大的影响，只有做到让观众满意，才会有更广的市场。而服务的质量除了博物馆本身的文化积淀和文化设施之外，还与宣教讲解工作者的素质有很大的关系，所以要提升工作人员的素质，提高宣教讲解工作的质量。参观博物馆的观众首先接触的是工作服务人员，服务人员的素质直接关系到观众对博物馆的印象。博物馆是知识和精神文明传承的窗口，对公众的教育非常重要，要积极培养高素质的宣教讲解工作人员，培育博物馆的新生力量，为博物馆的宣教讲解工作的顺利开展提供保障。

3. 以需求为目的开展宣传工作

博物馆的宣教工作要从本馆的实际出发，结合社会需求，提高博物馆宣教活动的质量。由于社会需求不断社会化和市场化，观众的需求品位提升和娱乐性的增强，博物馆应该与市场接轨，举办一些具有社会意义和娱乐性相融合的活动，从而促进博物馆宣教工作的开展。例如上海博物馆的"社区收藏沙龙"活动就很新颖独特，具有创意，又具有很强的娱乐性，适合大众的休闲活动，丰富了博物馆的宣教工作，满足了社会需求。

二、博物馆宣教讲解活动特性及其工作创新

（一）博物馆的宣教讲解活动特性

1. 博物馆宣教讲解活动的原创性

为了改变人们将宣教与"说教"挂钩的固定观念，博物馆宣教讲解的原创性，更大限度体现于宣教讲解活动的策划与实施。近些年来，大多数的博物馆都会依据本馆资源、定位及展览内容，充分融入"以人为本"的理念，开展长期或短期的丰富多彩、新颖有趣的宣教讲解活动。这些活动，有些与展厅讲解紧密相连，有些则显得较为独立，既可以作为博物馆宣教讲解事业创新发展的案例，又可以作为宣教讲解人员综合素质的全面体现。这些从观众角度出发，充分考虑受众群体身心特点与需求的宣教讲解活动，最大限度放大了博物馆的教育功能与辐射范围，并在形式上进行了多角度、全方位的探索与实践，有的甚至成为某一特定时期的产物，具有划时代的意义。这些也恰恰印证了新时代博物馆宣教讲解已从单一展厅讲解向多元化宣教讲解理念与形式发展的良好趋势。

2. 城市博物馆和儿童教育

随着时代的发展，博物馆在德育、美育、智育方面的教育功能日益受到重视，已成为社会大教育范畴中不可或缺的组成部分，对公众的影响力日渐深远。尤其是在儿童教育方面，通过不断探索，已形成了一套较为完善的做法，与学校教育、家庭教育相辅相成，共同促进。不过，值得注意的是，博物馆的类型多种多样，不同的博物馆，其建馆目的、所属行业、自身资源、目标观众均有不同。在发挥教育职能的过程中，其活动优势、教育侧重面及着力点自然会有差异，不可能面面俱到、平均用力、毫无特性。也正因此，探索不同类别的博物馆，如城市博物馆在针对儿童教育方面的实践举措、得失经验，是一个长期的发展中的课题，并会随着科技进步、社会发展以及中外文博理念的交流与碰撞，不断产生新的理论成果，为现实中的具体工作提供新的借鉴与指导。

(1) 认清职责，把握自身特点

纵观儿童的成长过程，要经历家庭教育、学校教育、博物馆等机构实施的社会大教育等各种类型的教育。这几种教育各有特点，相互之间的关系也较为紧密，共同为孩子营造了健康成长的空间和环境，对孩子的性格培养、智力开发、能力拓展、综合提高起到了至关重要的作用。其中，家庭是儿童发展最早也最持久的环境，家庭教育是学校教育、社会教育的基础，是以父母或其他年长者在家庭中对未成年人实施的教育和影响，具有"终身性、弥散性、天然性、个别性"的特点。因此，家庭承担的重要职责是照顾儿童健康成长并促使其社会化，即获得所处社会的重要而适当的信念、价值观和行为方式。学校教育作为儿童教育的主体，其实施的科学教育计划，是经过长期研究与实践，根据儿童的大脑工作能力在一节课、一天、一周、一学期、一学年等不同时段中的变化规律而制定的，因地、因校、因人而异，并不断追求着创新。

(2) 挖掘资源，拓展教育内容

城市博物馆的资源大致分为硬件设施（场馆、藏品、陈列、展示项目等）和软件设施（人才、经验、共建网络等）。在现有资源中，可利用的深度与广度因活动目的而异，不能简单框定、生搬硬套。应该结合儿童时期的身心发育特点、学习沟通能力、外部环境刺激、社会主流导向等各类因素来设计与完善，不断拓展教育内容，形成有针对性、收效明显的教育活动系列。

(3) 总结经验，确立教学地位

进入 21 世纪，社会多元化结构凸显，各教育机构、社会党团组织的职能与定位虽然各有重心，但也有交叉与共通。就儿童教育这一方面，不仅博物馆在倾心打造活动品牌，市委、市政府、妇女儿童联合会、教育局、团市委、科技局、青少年活动中心、各类儿童培训中心、社区也在因地制宜地策划推出不同主题的活动。因此，城市博物馆要充分看清现状、不断总结经验、锐意创新，牢固确立自身在社会大教育中的不可或缺的地位。最关键的经验在于"融入"与"协作"，即融入国家、省、市社会经济发展的大趋势，政治思想教育宣传的大主题，结合共建单位的现状与要求，从本馆定位、资源出发，身体力行、通力协作，共同策划开展主题教育活动。儿童教育活动的成功，不是一家之力能达到的，它始终是多方合作、全社会共同参与的结果。

3. 以个性化教育活动助推青少年健康发展

所谓"个性化"，即强调针对性与独特性，不拘泥、不刻板，遵从"以人为本"，探索"因材施教"，追求"与众不同"，充满新意与活力。当今社会，青少年教育是关系到个体乃至国家前途命运的重要课题，需要高度重视，容不得丝毫懈怠。就学校而言，素质教育就是个性化教育；就博物馆而言，应发挥自身的资源优势和公益平台，明确目标愿景，主动融入学校教育、巧妙借力社会机构，与之形成合力，以个性化的教育活动，不断助推青少年的身心健康发展。

(1) 机构设置方面

近年来，我国博物馆宣教讲解活动的策划与实施已成为常规工作，区别只在于活动的次数、规模的大小、合作方的多寡、影响力的远近。从"教育活动"实施的主体来看，博物馆在机构设置方面，有的仍以宣教讲解部门作为主力军，其部门工作内容涵盖了讲解接待、宣教活动、外联推广、志愿者培训等各个方面；有的则采取分属不同部门管理实施或分属同一部门的不同小组专项负责的方式，将"宣教活动"与"讲解接待"这两类基础工作进行了划分与剥离。另外，以"项目制""策展人制度"的方式，抽调不同部门成员，组建跨部门教育团队的趋势，也逐渐被大家认可、接受并付诸实践。

(2) 合作方式方面

过去，博物馆自身策划推出的教育活动，大多怀着"正统"的心，凭借活动一味机械地灌输相关知识，不免让人觉得难以亲近。不难预见，博物馆承担的社会公众教育职能有朝一日被边缘化的可能性了。当然，要想快速扭转这一局面并不难，除却博物馆内部各业务部门之间的精诚合作之外，与校外教育机构的合作互动，也值得积极付出行动和努力。在部分活动中，甚至可以从活动主导地位变身为协作、融入或者共同承办。其实，社会各类教育机构，都有自己的关系网和目标客户群体，并且具备了立足教育培训行业的基础条件和有利资源。博物馆与之合作，将会产生1+1>2的聚合效应。而主办、承办、协办等措辞的不同，并不代表责任的轻重，只不过是角色适当互换，以便更好地激发参与者的热情，提升活动的能量而已。

(3) 活动理念方面

博物馆虽然身负教育的职能，但毕竟不同于学校的正规教育，也不同于家庭的亲子教育，其发挥职能的场合、采用的形式、使用的方法、取得的效果都有其行业特性。因此在活动理念上，应清楚自己拥有什么、擅长什么、能做什么，而不是大包大揽，求高求全，这样才能真正推出"个性化"的教育活动。

(4) 目标人群方面

过去，我们在做教育活动的时候，总是笼统地将目标人群划分为社会团体、学生、家庭等，对于学生，会按年龄或学历划分为学龄前儿童、小学生、中学生、大学生等。目前来看，要想打造"个性化"的教育活动，对于青少年这个群体，更需要从观众研究的层次进行科学细分，尤其要考虑其中的特殊群体。比如：从家庭结构来看，有正常家庭，也有离异家庭、单亲家庭或是留守儿童等；从生理情况来看，有身体健全的，也有先天残疾或后天致残的;从心理状况来分析,有心智正常,也有情感缺失甚至患有心理疾病的;从能力培养来看,有的学业优异,有的特长突出,有的资质平平;从家庭物质条件来看,也有富裕、中等和贫困之分;从社会互动的角度来看,有热衷于参加社会活动的,也有游离于博物馆或其他机构举办的活动之外的,有的孩子甚至从未参观过博物馆,更别说参加活动,享受额外的"文化福利"了;从抗压能力来看,有懂得正常应对学习、事业、生活、情感上的困难和压力、健康快乐成长、工作、生活的,也有过度敏感、脆弱的。

(二) 博物馆的宣教讲解工作创新

1. 博物馆宣教讲解工作的创新

(1) 宣教讲解理念上的创新

一般来说,博物馆宣教讲解部门,涵盖了"宣传、教育、推广"的多重定位。在日常工作中,通过讲解员深入细致的介绍,能很好地宣传一个国家或城市悠远的历史、古老的文明、现代的发展、伟大的精神、艺术的魅力,强化观众对历史、文物、科技、艺术的了解,发挥博物馆在"爱国主义教育""市情教育"方面的作用。但这种宣教方式是在"观众来馆参观"的基础上得以实现的,比较简单被动。

观众在博物馆,看的文物和听的讲解,每一次的流程和内容都大同小异,这对于多次进馆参观的观众来说,显然缺乏新意。这就形成了双方的被动:讲解员被动地等待观众上门;观众被动地听取讲解。长此以往,宣教讲解工作的感染力及影响力,势必会大打折扣。因此,现代宣教讲解工作,要想创新和发展,必须先从思想认识和固有观念上寻求突破。

(2) 宣教讲解方式上的创新

讲解是宣教工作的重中之重,但不是全部。因为,在这个重心之外,还有许多不可忽略的点,只有将它们全部联系起来,才会形成一个圆。这些点就是立足于本馆现状策划开展的各类宣教讲解专题活动。

举办讲座(报告会)是针对性强、收效明显的一种宣教讲解活动形式。具体来说,在对象上:针对学校,宣教讲解部门可以长期主动融入学校开展的各类与青少年发展相关的主题活动,如"爱国主义教育""市情教育""青春期教育""感恩教育""文明礼仪教育"等;在人员上,精心挑选素质全面的讲解员承担相应的报告会任务;在讲座内容上,要充分挖掘本馆资源,结合听众的知识架构、理解能力,选取相关内容进行充实、拓展、加工,形成独立完整的报告稿;在形式上,为了达到图文并茂、精益求精的效果,可同步制作与内容紧密结合的幻灯片,以增加报告的生动性、趣味性和吸引力;在举办地点方面，根据对方要求，可在博物馆内或者前往学校举办讲座，尽可能地扩大博物馆教育的辐射面，而针对企业、社区，可根据其实际情况，选取与"爱国主义教育""现代公民教育""构建和谐社会""市情教育"等主题有关的内容，走进企业、社区举办讲座，加大博物馆的宣传力度。

(3) 宣教讲解评定上的创新

宣教讲解理念、方式上的创新，势必会带动宣教讲解评定标准的创新。这就要改变以往的观点，不能只从讲解员的外在条件、讲解接待规格、观众批次、展厅讲解技巧来简单看待宣教讲解效果，单纯将讲解与宣教讲解画上等号，而应该立足于讲解员的实际工作，从其主要承担的宣教讲解活动主旨、涉及受众、实施效果等方面入手，跳出以往笼统的评定框架，出台具体的考核细则，并表现出一定的侧重面，全面、客观、公正地考核讲解员的综合素质。

2. 城市博物馆社会服务新趋势

近年来，为响应国家号召，不管是否列入免费开放名单，有条件的城市博物馆都先后实行了免费开放政策，切实做到文化惠民。令人欣喜的是，就在城市博物馆不断降低门槛、接待观众量日益剧增的同时，社会服务方式却在不断丰富完善，服务质量也在不断地强化提升，呈现出全新的发展趋势。

(1) 宣教讲解人员专业化与物业化

博物馆的社会服务职能主要通过人力、物力两种形式来体现。其中，物力是指场馆的硬件设施，如轮椅、饮水处、寄存处等一系列满足观众在参观游览的过程中可能需要的服务设施；人力是指处于一线岗位的工作人员，如讲解员、售（领）票员、检票员、展厅管理人员、保安、设备维护人员等，他们是与观众直接接触，以周到热情的服务为观众答疑解惑、排忧解难的博物馆工作群体。

从工作职责分工来看，宣教讲解是城市博物馆社会服务的重要内容，能为观众捋清城市发展脉络、发展成就、发展前景，使观众产生城市历史认同感。因此，宣教讲解人员承担着全面系统地宣传、推介、营销城市的责任。不过，因为城市博物馆本身与艺术、综合、科学等各类型的博物馆在场馆定位、展示重点、发展空间等方面有着明显的区别，从而要求其宣教讲解在数据更新、城市发展现状、未来规划方面要做到快速、及时、准确、透彻、明晰，简单说，就是城市博物馆的宣教讲解工作，要做到与该城市的社会经济发展同步。

特别是在展览陈列处于调整周期未全面更换时，先通过"陈列未变，讲解先变"的宣教讲解方式，使观众在第一时间掌握城市的发展动态，清楚未来的发展走向。这就要求宣教讲解人员在专业化方面要更进一步，加强培训、多下苦功，一方面要掌握规范的讲解技巧，如语音、语调、讲解姿态、手势等；另一方面，要具备强烈的政治敏感和缜密的应变能力，如国内外重大政治新闻、城市总体发展思路、经济城建等各阶段建设成果甚至是市井民生的新闻话题，只要是与本馆的展示内容相关的线索，都应该引起高度重视，在内心以城市形象代言人、政府新闻发言人的角色来严格要求自己，增加专业积累，不断提升职业素养，并在讲解过程中，及时调整和更新讲解内容，做到因人施讲，注重和探索个人应变能力、组织能力的训练和提高，以期圆满完成每一批讲解接待工作。

随着国家不断深化文化体制改革及公众对社会服务需求的不断增加，从有效建立公共服务体系的角度来衡量，有的博物馆宣教讲解队伍已突破了编制的局限，在保证骨干讲解员为博物馆正式编制的基础上，对一般讲解人员采取业务归口宣教讲解部门，人员归口物业公司的形式，开始部分走向物业化管理。在这种管理模式下，博物馆宣教部门全程参与物业公司中讲解人员的招聘、培训、安排、管理和任用，在专业化的要求上并不逊色于专职讲解员。从目前全局角度来看，宣教讲解人员物业化的这一趋势弥补了专职宣教讲解队伍的缺口，提升了物业管理人员的岗位要求和专业技能，降低了聘用讲解员的流动性对宣教讲解工作的影响。

（2）服务项目多样化与人性化

城市博物馆在建馆性质方面与一些传统博物馆相比，有着鲜明的个性。它不以通史、断代史、专门史的时间脉络来进行纵向展示，而是以历史、经济、城市、文化等相应的板块来进行横向展示，在各个板块中再细分阶段。

在社会服务方面，原有与新建的城市博物馆在管理理念、模式、制度、发展规划等方面曾经各有千秋，近些年逐渐趋同。过去博物馆的管理方式较为传统，馆内陈列基本不变，临时性专题展览制作推出的频率较慢，一般是围绕本馆的基本陈列进行简单拓展，多以巡展、宣讲形式为主。博物馆宣教讲解形式也较为单一，多以馆内讲解为主，兼顾周边相关景点的外派讲解或是巡展讲解。

随着时代及社会经济的发展，人们对文化的需求度和关注度不断提升，博物馆对自身发展预期也在不断强化，"以人为本""文化惠民"的理念更为深入人心。目前，从全国城市博物馆发展状况来看，不论馆内现有软硬件条件如何、免费开放后财政补贴金额多寡，各馆都在不断尝试、拓展更为全面周到的社会服务方式，呈现出服务项目多样化、人性化的趋势。

（3）服务设备科技化与高效化

关于服务设备的科技化含量与运用水平，根据场馆规划建设状况会有所区分。建馆时间较早的城市博物馆，一般以小型、便携式服务设备的增添为主（如语音导览机、无线团队讲解器），满足的功能范围较为有限，而新建的城市博物馆，在财政支持力度较大的情况下，一般会在场馆的规划阶段就开始社会服务硬件设施的分布与施工，使各展示区域的布局与讲解效果相得益彰，避免了二次施工，重复浪费。

综上所述，城市博物馆在创新社会服务方面已呈现出较多可喜而有利的趋势，折射出了城市博物馆服务意识、工作作风、管理机制、教育理念的转变与提升。除却本文重点提到的三个方面之外，还具有服务水平优质化、服务考核细节化、服务对象普及化、服务外援志愿化等，它们不仅对观众群体产生了潜移默化的影响，同时也反作用于城市博物馆自身的管理与未来的规划，有待于进一步研究和推广。终其根本，都是为了在社会效益方面实现最大化，在文化惠民、文化育人方面取得更为明显的实效，让每个人在博物馆里都能享受到均等、优质的公共文化服务。

3. 档案服务民生

档案事业实际上是伴随着人类记录意识的萌发与收藏行为的初起而开始的，档案工作由来已久。随着时代的发展，档案工作的职能与定位发生了巨大的变化，从过去单一的收藏与保存，到如今多元化的管理与研究、宣传与利用，取得了许多可喜的成绩。特别是在打造和谐社会的今天，如何使档案工作更好地服务民生，值得我们认真探索与思考。

（1）服务民生——贴近

档案工作在民生方面有着广阔的服务空间，如社会保障、收入分配、医疗卫生、就业、教育、人事等产生于人民的日常生活、与人民利益紧密联系的档案，具有覆盖面广、内容繁杂、涉及人多、保管分散、工作量大的特点。也正因此，要想做好这项工作，必须真心实意地贴近档案存放之处、贴近档案涉及之事、贴近档案关联之人。具体来说，档案工作者除了熟知本馆现有民生档案资源外，还应主动走访其他各类民生档案存放单位，如社保、卫生、教育等各部门，对其档案管理工作进行指导、规范，确保第一手资料的完整有序。有条件的情况下，指导其进行数字化录入，进一步强化档案管理力度，方便群众查询、借阅。而对于民生档案涉及之事，更应牢固树立"档案无小事"的观念，从细微处出发，做好服务。对于民生档案所关联到的人，不论其代表的是群体，还是个体，不论其涉及的是普遍问题，还是特殊问题，更不论其利益覆盖面的大小，都应高度重视，充分发挥档案工作的职能作用，为群众排忧解难。如有的城市专门设立的"民生窗口"，就是主动贴近群众的有益尝试。

（2）服务民生——融入

从我国民生档案的提供与利用现状来看，数据不断增长。转变群众的固有观念，引导其融入档案工作，遇事自觉主动地寻求档案部门的帮助和指导，为群众解决问题指引一条捷径，这是档案工作更好地服务民生的重点。同时，还应激发和强化群众对涉及个人利益的各类档案的留存和重视意识。从社会现状来看，个体虽然是社会中最基本的组成部分，但一直处于档案工作最容易忽视的角落。近年来，随着国家对民生问题的高度重视，民众对自身合法权益的关注度也不断增强，但真正对档案的利用程度还处于较低的水平，并没有形成人人首选的大气候。在档案馆与个人之间，还存在着一道无形的鸿沟，隔着一堵透明的墙。因此，引导融入的第一步应该努力消除这道隔膜，通过官方宣传主导与个体口碑效应的方式，增加"公众开放日"的频率，扩大"档案馆之友"的群体，从多种途径出发，不断拉近档案馆与群众的距离。目前，从国家投入及社会发展水平来看，我们为民生服务的能力越来越强，手段越来越先进，途径也越来越多，但重点是，应引导民生档案涉及的主体——群众对档案的重视和利用，只有需求越大，提供服务的市场及被利用的空间才会相应扩大。

（3）服务民生——协作

贴近与融入，一则在于档案工作者主动贴近，二则在于民生档案的涉及人员主动融入。这是双方面的自觉意识的互补与提升，体现在工作方式与工作成效中。而在二者之间，还有一座可以灵活利用的桥梁，那就是协作。这主要是指档案馆与涉及民生的各个相关部门的通力合作，如文化、教育、卫生等。合作内容可包括交流指导、合作出版、共同宣传等。

民生档案的涉及面广泛，如果只由档案部门一家来专职投入，影响力仍然有限；如果能发动全社会的力量，尤其是形成一种人人关注档案的风气，将会更加有利于档案工作的普及和开展，达到事半功倍的效果。

档案工作要想更好地服务民生，关键在于真正为民所用，而通过"贴近、融入、协作"三部曲，将有效改变档案工作现状，充分体现"以人为本"的核心理念，是全面贯彻落实科学发展观的有益举措，迈出了打造和谐社会的坚定步伐。

第六章 博物馆教育项目的策划与管理

第一节 博物馆教育部门的使命与职责

一、教育部门的使命

博物馆不仅是一个充满思想、智慧的地方，还是一个被精心设计过的系统。博物馆的教育体系就是该精密系统中的一个子系统，它是由博物馆给公众提供的一个包括不同层次、不同形态和类型相互联系的教育服务系统。

一直以来，博物馆的社会公共性主要通过其教育职能来体现，尤其是一些博物馆的公共教育部门，往往联系着以博物馆之友和捐赠人为代表的各方社会资源，致力于博物馆促进公民教育、促进社会文明进步的核心任务和使命。

（一）博物馆教育内容应侧重于传承中华民族五千年优秀传统文化、增强民族文化自信和国家文化软实力，努力实现中华民族伟大复兴的中国梦

首先，博物馆作为中国优秀传统文化传播的主阵营，在教育内容方面要大力弘扬讲仁爱、重民本、守诚信、崇正义、尚和合、求大同等核心思想理念，从而为治国理政提供有益借鉴，为认识和改造世界提供有益启迪。

其次，大力弘扬中华传统美德。中华优秀传统文化蕴含着丰富的道德理念和规范，如精忠报国、振兴中华的爱国情怀，崇尚道德、见贤思齐的社会风尚等，都潜移默化地影响着人们的行为方式。传承发展中华优秀传统文化，就要大力弘扬自强不息、敬业乐群、扶危济困、见义勇为、孝老爱亲等中华传统美德。

最后，大力弘扬中华人文精神。中华优秀传统文化积淀着多样、珍贵的精神财富，如求同存异、和而不同的处事方法，简约自守的生活理念。这都是中国人的思想观念、风俗习惯、生活方式、情感样式的集中表达，滋养了独特丰富的文学艺术、科学技术、人文学术。传承发展中华优秀传统文化，就要大力弘扬有利于促进社会和谐、激励人们向上向善的思想文化内容。

（二）利用"互联网+"技术，发挥博物馆的文化传承与教育功能

互联网时代，文物展示与传播应注重从理念、行动、布局三个方面集中发力。在理念上，深入了解新需求的形成与新技术的应用，寻找正确的理念和理论。在行动上，要齐心协力，通过实践探索"互联网+"时代文物展示与传播的新方式。在布局上，政府主要起引导、指导的作用，让理念和行动实现统一。同时，博物馆、企业、科研院校应加强联合，优势互补，形成合力。

新媒体与数字化都与"互联网+"有着密不可分的关系。新媒体是一个从单向传播到互动传播的过程，并且迅速进入一个移动的时代，主流的移动端新媒体发展呈现多种趋势，比如碎片化（短视频或短直播）、平台化和自媒体。越来越多的博物馆开始使用新媒体平台进行宣传教育。在众多的新媒体中，微博、微信、博物馆官方网站成为主流。它们给博物馆带来的不仅教育服务的变化，还有媒体管理方式、媒体运营思路和观众数字化渠道的变化。

博物馆的各项工作，无论是收藏、管理、研究、展示，还是教育，都会引入数字化管理。为满足数字化时代的参观需求，博物馆要从信息社会、网络技术、数字革命等方面引入新视角和新的思考，在公共文化服务中融入新科技，寻求科技支撑，使博物馆努力成为"互联网+中华文明"的探索者和践行者，从而实现藏品由静态变为动态，实现沉淀式体验、互动式体验，让观众收获更好的观展感受。

（三）坚持一体化设计，为教育做好规划和设计

博物馆建筑与功能的关系日益受到重视，用需求引导设计。协调了建筑与展陈、教育、标识系统、装修、景观、安防、信息管理的关系，通盘考虑博物馆建筑内部的资源配置、空间布局、功能划分。湖南博物院对于教育需求的考虑和教育功能的实现，在国内走在了前列。坚持教育设计与工程规划、展陈策划同步；合理设置教育专用的实体空间、点面结合的教育空间和保障教育工作者充足空间（志愿者工作室、更衣室、教育员工作室）。在一体化设计的理念下，才能保证博物馆教育工作顺利开展，不因客观条件的限制阻碍教育活动的实施。

（四）可持续化分配教育资源

博物馆在提供教育活动时，应当做到资源的可持续分配，不赞成在少数服务项目上集中过多资源。在进行教育活动时，可以根据不同年龄层的观众，提供不同的教育内容。对于青少年，可以提供线上和线下相结合的教育活动，为其提供更好的教育体验。对于成人，由于成人日常需要上班，所以对其提供的教育活动应当以线下为主，可以通过互联网的方式，向其推送教育资源。

（五）努力实现以青少年为主的教育向全民教育的转变

陕西博物馆较早提出这一观点。当下，各个博物馆非常重视未成年人的思想教育，不管是陈展还是教育活动，大都围绕着未成年人开展。国内博物馆在未成年教育上取得突飞猛进的发展，甚至有了比较先进的做法。然而，博物馆全民教育还处于散乱、无模式状态，当然这与成人要忙于工作，无整体时间参与博物馆教育中来有莫大的关系。若要实现优秀传统文化全民传承，博物馆任重道远。

首先，密切关注教育新趋势，对教育对象进行细分，突出博物馆教育内容的针对性和恰当性。比如把观众进行群体划分如党员干部、残疾人士、学校老师、退休人员、大学生等，首先让他们空出一定时间到博物馆学习，再针对每个群体的特征，设计不同的教学内容和教学方式。

其次，在终身教育成为潮流的今天，博物馆更应成为一所"终身学校"，为普通民众提供适合的终身教育的内容和方式。打造面向成年人的教育活动，必须搭建继续教育平台。为此，可开展"传统文化节日课堂""文博课堂"等。学分制或资格证措施，可激发人们自主学习的热情。

最后，要尽快制定具有博物馆特点的教育纲要，充分利用"互联网+"的优势，摒弃以往的单调模式，以参与式、互动式、探究式、对话交流式、自我导向式、个人责任式、自主式等多样化的场景学习模式，满足不同学习者需求，探索以观众个体为主导的主动体验的博物馆教育模式。

总之，博物馆能否担当起新形势下的教育使命，关键看博物馆工作人员爱岗敬业的程度，以及改变多年养成习惯的决心。所有博物馆都要以此为信念，通过教育的力量，构建一个包容、公正、和平、文明与互敬的社会，早日实现中华民族伟大复兴的中国梦。

二、教育部门的职责

教育部门是博物馆最重要的部门，是各馆联结公众的纽带，它以推进社会教育为主要使命，并负责一系列教育活动和项目的规划与实施。在此，作为教育部门的教育工作者，日常职责具体包括但不限于以下几点：

第一，制定本部门的战略规划，并参与博物馆的战略规划制定。

第二，负责观众调研和处理观众意见建议。

第三，对展览和特别活动进行营销，使博物馆始终暴露在社区、民众的视野之中。但在一些大型博物馆中，营销功能通常和教育功能分开。

第四，编写博物馆通信或其他出版物，包括设计、打印、拍照、折叠、邮寄等。

第五，定期针对一些展示主题出版图书，为学校等教育机构编写教材。

第六，开发在线项目、课程和活动，用于学校室内教育，或供不能参访博物馆的民众所用；开发展厅内计算机上的项目。

第七，提供观众咨询服务，包括负责编写和提供各种游览材料，如导览图、说明手册、活动日程预告等。

第八，组织、接待观众参观，提供导览和讲解服务，具体还包括编写展览讲解词，并进行多语种翻译；提供观众语音导览器等观展器材，并负责管理；组织导览的日程，并负责预约、登记及相关收费等。

第九，负责教育（学习）中心、活动中心、工作坊、探索室、实验室、教室、影剧院等的开放和管理，防止室内标本及设施设备的损坏和丢失。

第十，开展学校项目，包括在展厅内和在馆外（学校内）开发、举办与学生年龄相符的游览和特别活动，为师生设计、制作及准备开展教学活动所需的材料、设施设备，联络教师和学校，评估活动的有效性等。

第十一，策划与实施各种延伸教育活动，如开展讲座、表演、课程、与社区联动等，内容可与博物馆或展览内容等相关，同时深入宣传展览信息，凸显博物馆的身份与特征。

第十二，策划与实施特别节目和活动。这些通常针对特定的观众，并在每年的固定时间举行，如展览开幕、节日活动等，具体涉及规划、组织、协调人事来运作的活动，还要处理执照、摊位、供应商、招待等事宜。

第十三，组织开展职业发展活动，如针对教师、学生等的实习、奖学金和学分项目。

第十四，负责制定会员条例、组织会员活动、管理会费等。

第十五，负责制定志愿者条例，选拔、培训、评估志愿者，并组织志愿者活动、对教育活动进行评估，同时对教育部工作者进行定期评估，也参与展览评估。若目标清晰，评估会更简便。因此，制定目标也是有效评估的重要组成部分。

第十六，组织开展培训，诸如教育部门内部人员培训、导览员培训等。

第十七，进行项目开发，包括开发新项目、扩展现有项目、做预算、写基金申请书或其他的筹措资金申请书。

第十八，进行阐释规划，注重在每个展览中开发教育元素，如界定教学点或展览目标向公众传播的信息是什么等。其中，教育元素需要成为展览开发不可或缺的一部分，并且展览开发一开始便要融入教育工作中。

第十九，开展一定的博物馆教育理论研究，并组织学术交流。

第二十，与博物馆上级部门、学校、媒体机构、专家学者等保持定期联系。

需要指出的是，在博物馆，没有一个教育部门或是教育工作者能自行开展所有工作。

在整个博物馆架构中，教育部门基本自成体系，但与其他部门之间的交流、协调及合作也是各项教育任务完成并取得成功的必要保证。

"时下节目与特别活动"开始进入越来越多的博物馆教育部门的工作范畴。当然，许多大型博物馆都拥有专门的活动策划人员，但是在规模较小的博物馆，教育部门中的教育工作者常常要担起这份职责，并与其他员工一起来协调活动。教育部门常常会渗透到博物馆的所有节目中，节目举办的频率及组织管理它们所需的外部资源，都可作为衡量教育部门在最终成品中发挥作用大小的指标。

教育部门的终极目标其实都在"学习"上。博物馆中的学习是非正规的，个体可选择在哪儿学、什么时候学、学什么，这与教室内的正规及结构化教学相对。因此，博物馆教育工作者要根据环境来设计项目，吸引观众学习和参与，刺激他们的学习兴趣。虽然教育工作者可以从教室内使用的有效技巧中受益良多，但要在博物馆环境中有所超越，让学习变成一种有收获的享受，还需教育工作者做出更多的努力。

现今，克利夫兰艺术博物馆不但为青少年和成年人提供演播室及艺术史课堂，邀请公众聆听由博物馆各主管馆长或访问学者主讲的报告，而且为克利夫兰地区高等艺术学校开设高级别课程，与凯斯西部保留地大学合作为大学生、研究生开设艺术史课程。除此之外，博物馆也定期举办讲座和巡回展览，出版大量书籍和目录册，制作幻灯片和复制品等。另外，博物馆还设置了教育行动计划，内容涉及教育的各个阶段（小学、中学、大学、研究生）及成人的系统艺术学习或非正规的文化体验学习课程。的确，教育作为民主的支柱，是美国艺术博物馆的中心使命。

教育项目的成长可能比博物馆任何其他内部元素都能反映民主及经济方面的内容。教育活动吸引了大批观众，反过来，观众又以诸如入场费、会员费、图书及餐厅消费等支持了博物馆的运营。艺术博物馆的流行感召力也能吸引到公司捐助人，而他们的参与极大地影响了博物馆的管理机制。更重要的是，在此背景下，艺术博物馆被视为引导国民向善的重要手段：提升道德素质、传达历史及美学知识。

第二节 博物馆教育工作者的构成与职责

博物馆的所有教育活动从根本上来说都是通过人来完成的，因此，博物馆教育的价值和功能最终也主要通过教育工作者的实践和受众的接受与变化来实现。也就是说，在构成博物馆教育的诸要素中，人始终处于主导地位。其中，博物馆教育工作者更是关键，决定着该馆教育的广度、深度、实施效果和未来发展。

在博物馆内，并非所有与教育活动和教育项目相关的人员都在教育部门工作，或被人力资源部门界定为教育工作者。另外，一些欧美博物馆教育部门还配有讲解员或导览员（不将其作为教育部门正式员工）、志愿者（协助特别活动）、实习生或是阶段性员工等，会花费许多时间培训、调度和管理他们，使他们成为全职员工的坚实支撑。

那么，究竟谁是博物馆的教育工作者？从广义上讲，博物馆工作人员都负有教育的职责，都是教育工作者；从狭义上讲，博物馆的教育工作者主要是指与教育活动直接相关的人员。

依据扮演角色和发挥作用的不同，许多欧美博物馆的教育工作者主要由参与教育活动的专业人员、专职的教育工作者和志愿者三部分人群构成。

一、参与教育活动的专业人员

参与教育活动的专业人员主要有博物馆研究人员、陈列设计人员和藏品保管人员。

博物馆研究人员作为知识的创造者和管理者，需要将研究成果以各种方式回馈社会。他们可以通过发布出版物的方式，也可以直接将成果提供给陈列展览的设计人员。陈列展览的设计人员则综合研究成果，充分考虑不同观众的需求，策划主题多样、内容丰富并受观众喜爱的展览，同时运用多元化的展示形式，传达教育信息。藏品保管部门为配合教育活动的开展，通常从自身实际出发，有限地出借藏品、开放库房，还可复制藏品，为丰富活动提供教育资源。

这些专业人员为教育活动的开展提供了坚实保障。这也解释了为何史密森博物学院旗下的一些博物馆现在开始要求策划人和研究者在教育活动上花费一定的时间，为针对社会公众或学校团体的教育项目做贡献了。

二、专职的教育工作者

博物馆专职的教育工作者，由教育活动的策划者、导览员或讲解员、"博物馆教师"三部分人群组成。

教育活动的策划者以研究成果为理论基础，并在与陈列设计人员充分沟通的基础上，针对不同的展览主题和内容、不同观众设计灵活多样、个性鲜明的教育活动方案，以实现不同的机构教育目标。导览员作为与观众最直接的接触者，是博物馆教育实施的尖兵，观众通过与他们的交流，不仅可以获取大量信息，还能更好地理解展会示意图。"博物馆教师"目前尚处于发展阶段，主要是让一些来自中小学校的教师，通过接受博物馆的培训，与教学活动的策划者一起设计针对中小学生的项目，进而激发学生参观的兴趣。这些"博物馆教师"作为教育工作者与学生之间的桥梁，作用不容忽视。

专职的教育工作者承担着信息传达员、活动承办者、活动宣传员及解说员等多重职责。他们以极大的热忱、生动活泼的形式与观众进行互动，帮助观众了解展览内容、产生自觉学习的热情，并最终实现博物馆教育的目标。因此，专职的教育工作者对展览主题、内容、形式，以及展览是否为观众所接受等问题有着最直接的发言权，他们的意见或建议对推动博物馆今后的工作大有裨益。

三、博物馆教育工作者定位

在世界上许多国家，博物馆教育已发展成一个独立的业务功能，拥有了一大批出色的、经验丰富的专业教育人员，形成了一种基础牢固的专业凝聚力和专业自信力。无论是博物馆业界内部还是外部，人们正在形成这样的基本共识：教育水平的高低、质量的好坏，是一座博物馆是否处于良好经营状态的重要标准。

博物馆要在 21 世纪走向辉煌，需要有一大批适应博物馆现代化需要的高素质人才。博物馆需要具有较高专业水平和实际工作经验的教育人才。在博物馆内大兴科学研究之风，研究业务，研究管理，研究观众，研究市场，使好学上进、钻研业务成为主流。唯有如此，才能逐步形成一个新的具有知识和经验足以满足博物馆现代化建设需要的强势人才群体，为新世纪博物馆教育事业的振兴与腾飞创造良好的事业环境。因此，博物馆教育工作者要充分理解博物馆教育的本质，找准博物馆教育工作者自身的定位。

（一）注重形象

博物馆工作者要十分注意自身形象，服装整齐，给人以庄重、明快的感觉，眼光传神，可以达到先声夺人的效果。博物馆工作人员的素质、服务态度、服务质量等方面直接影响着博物馆的形象。它直接影响到观众的参观效率，关系到能否留住观众的问题。形象问题，说小，关系到一个馆的整体形象，说大，关系到一个地区、一个国家，甚至一个民族的形象。外国友人到中国观光，通过参观博物馆展出的历史遗珍，了解中国的古代文明，通过优质的接待服务，了解当代中国人的工作、生活和精神面貌，亦即现代文明。作为博物馆工作者应努力学习，不断进取，提高自身素质。

（二）树立正确的指导思想

博物馆是教育单位，因此博物馆教育工作者必须首先要加强政治学习，树立正确的世界观、人生观、树立热爱祖国，全心全意为人民服务的思想。博物馆工作必须坚持党的领导，博物馆工作者要把学习理论用在实践中，不断提高工作质量，同时不断的改造自己。因此我们的博物馆肩负着培养观众道德，理想，信念的责任以及建设社会主义精神文明的重要使命,坚持为人民服务,为社会主义服务。

(三) 业务水平

博物馆的教育是特指博物馆的讲解以及为成年人和儿童开发的一系列教育性活动。很显然,在这种博物馆教育概念中,讲解被置于核心位置。作为实物展品与博物馆观众之间的桥梁,无论是信息的传播,还是情感的交流,讲解都发挥了至关重要的作用。

讲解员在博物馆教育中是最直接与观众接触的,是博物馆的形象,因此要加强对讲解员的培养。讲解员要对观众有良好的引导,履行教师的职责,既要教书又要育人,使博物馆成为终身学习的阵地,建立起热爱公益事业的思想感情。面对不同的观众,讲解也要有所不同,有的要深入浅出,有的要点到为止;有的要详,有的要略。做到最大限度的满足观众的讲解需要。由于外国观众越来越多,讲解员提高自身的外语水平能力也势在必行。

(四) 规范的语言

语言是人们认识世界和把握世界的一种方式,语言反映一个人的生活体验、兴趣性格、文化水平和审美力。讲解员在讲解过程中,声音不是单一的,要有一定的高低变化。声音是情感的表现形式,情感是声音的内在动力。声随情转,以声传情才能达到声情并茂的效果。在讲解的速度上,应以不超过观众的听觉接受力和不破坏语言的清晰动听为准。总之,作为一名称职的讲解员,要做到发音准确,吐字清楚,利用语言艺术使讲解内容琅琅上口、铿锵悦耳,形成语言美,给人以美的享受。

(五) 明确不同类型观众的心理

人的内心世界是最高深莫测的,但人的心理也是有轨可循的。博物馆是广大公众接受终身教育的一个重要场所,它面向整个社会开放,主体是观众,客体是展品,讲解工作则是中介,博物馆的工作出发点在于为观众服务,最终目的也是使观众通过来博物馆参观或参与活动受到教育。博物馆的教育工作关键在于了解观众的心理,大致区分观众的类型,从中找出规律。作为博物馆教育者,应当能够科学的把握观众中的心理;通过观众的表情、举止、声音、透视观众的内心活动,准确的洞察不同类型观众对博物馆的需要,根据观众的知识水平、年龄、目的,讲解方式灵活掌握最大限度的满足每一个观众的求知欲。

(六) 具有竞争意识

有竞争就会有自我完善、在竞争中自我完善的程度越高,社会对他价值的承认就越高。因此应该研究和创建一种机制来激励和约束竞争,使之蓬勃而又健康地发展。这种机制要能够激励单位和个人投入竞争,还要约束竞争在道德与法的轨道上运行。博物馆的教育事业想要跟上飞速发展的时代步伐,就要求每个博物馆教育工作者都具备竞争意识,在竞争中不断完善自己,提高自己,游刃有余的应付现代社会中博物馆与其他机构的竞争,使得博物馆教育事业能够稳定的发展,长久的容光焕发。

(七) 具有良好的职业道德

博物馆教育人员要有崇高的事业心和神圣的使命感,对观众在馆里参观学习的整个过程负起全部的责任。可以说博物馆讲解承担着重大的社会责任。

每个博物馆工作者,必须带给观众热情、坦诚和关爱,让观众觉得这里的人和蔼可亲。而且,对观众要一视同仁,不分高官与平民,不分人多人少,都要满腔热情、一丝不苟地为他们服务。同时,博物馆要坚持做好对弱势群体的特色服务,关注"老、弱、病、残、孕"观众,给他们以特殊的关心和爱护;对未成年人的服务更要认真、热情,讲究方式方法,做他们的朋友。

(八) 具有一定的组织能力

博物馆教育工作者是和观众直接接触的,具备一定的公关协调能力是必不可少的。博物馆作为展示科技文化的重要场所,固然很重要,但在高科技时代,多媒体功能日益完善的今天,对观众而言,要了解各方面的知识,决不只是到博物馆参观这一种途径,而是有多种选择。为此,要求我们必须学会公关,协调等方方面面的关系,对于博物馆的各种情况都能应付自如,做到博物馆的每个展览的教育效果最大。

(九) 文化素质与心理素质二者兼备

博物馆教育工作者与其它从业工作者相比,具有它的独特特点,它要求工作者应具有广泛全面的知识领域。博物馆教育工作者在具有广泛基础知识之上而具备某种独特的专业。这样才能形成一支经纬交织、门类齐全的专业化队伍。在知识大爆炸的今天,博物馆教育人员最好是知识结构比较理想,即博而精,专才基础上的通才。

心理素质是一个人的性格品质、心理能力、心理动力、心理健康状况及心理行为的水平或质量的综合体现。在人们心理素质健康发展的整个过程中,正确的世界观、健康的人生观、价值观是心理发展的航标.也是心理素质健康发展的根本。博物馆教育者应该具有较强的感知、记忆、思维、想象能力。在理解中加强对知识的记忆,不能死记硬背,讲解员要靠自己体会陈列展览的内容,靠理解记忆,把陈列内容变成自己的内容,独立发现问题、解决问题。博物馆教育工作者要有良好的情绪和自控能力,不因为个人兴趣爱好和对其他人或事物的好恶影响讲解。讲解要客观，不要添加主观意见和情绪。只有文化素质教育与心理素质教育相结合才可以更有效建立美好的情感和高尚的人格，才能更好的达到博物馆教育的目的。

（十）具有创新意识

在创新的时代里，具有对旧事物渴望突破的精神状态是最主要的。那种因循守旧，保守不前是与新世纪的时代精神格格不入的。对新鲜事物的敏感，对新鲜事物的追求，是成其为人才的首要精神状态。新东西并不是随意造出来的，它应该是已知中达到未知。真正的创造是对旧事物的突破，真正具有创造能力的人，是真正接受了已有成果的人。只有对已有成果的尊重，突破才是脚踏实地的。

博物馆教育工作者要千方百计，不遗余力地对公众教育的方式、内容上有所拓展，不断地寻找更广泛、更实用、更能为观众所乐意接受的教育方式。想要真正具有创造精神和创造能力，应该知古知今，知中知西，没有这种功底是谈不到创新的。只有具备这种新世纪人才的标准，才能对广大观众进行教育，成为合格的博物馆教育工作者。

第三节 博物馆教育项目的策划管理模式

纵观世界多国博物馆的事业，博物馆教育组织活动的组织管理模式值得探究。它们虽因各自国情、馆情不同而有所差异，但主要具备三个共通特点：一是根据服务对象和工作性质，实行"分众化"教育项目管理；二是对观众参观博物馆的前、中、后三阶段进行"一体化"管理，涉及具体的策划与实施；三是围绕某个主题，开发一系列衍生活动，也即施行"衍生化"管理。

一、实行"分众化"教育项目管理

许多博物馆都在不断发挥创新型教育手段，以扩大接纳量。例如，美国博物馆的通常做法是，通过对其观众的全面了解和分析，从多种层面细致划分观众，同时对馆方所拥有的资源进行合理调配与建设，以配合各种学习项目的开展，加强教育的力度和广度。

不少博物馆教育部门都根据服务对象和自身的工作性质，进行项目分工，因此"观众"不再是一个模糊的概念，而是由许多个性鲜明的个体组成的复杂群体。

例如，美国建于1968年的劳伦斯科学厅设有4个（教育）项目部门，分别是课程和研发部（重点在教材开发）、公众项目部（开发展览、博物馆项目和公众活动）、学生和家庭项目部、教师和领导者项目部（协调若干大型拨款资助活动以及职业发展项目）。另外，劳伦斯科学厅还建立了学校改革中心、课程创新中心和公众科学中心来协调这4个部门，使其教育项目的影响最大化。又如明尼阿波利斯艺术设计学院实际上有两个教育部门：一个是教育部，专门负责面向各类学校、各级学生的活动；一个是公共项目部，主要面向成年人、家庭等。另外，在纽约现代艺术馆，其教育部门下设学校项目部、家庭项目部、成人与学术项目部、社区与特殊需求人群项目部4个分部，力求使各个阶层都能从艺术馆的产品和服务中获益。

事实上，正是通过实施岗位专业化分工，美国博物馆不仅进一步明确了教育部门内各岗位的职责，对观众的服务更精细化，而且使得教育人员能够通过不断积累经验来更快地提高自身的工作技巧和专业水平。

英国博物馆也根据观众类型（例如，个体观众、成人参观团队、家庭参观团队、教育参观团队和有特殊需要的参观群体）的不同，制订不同的教育方案和配套服务措施。而大英博物馆等机构还专门对其青少年观众进行细分，有的放矢地提供教育服务。根据该馆的统计数字，青少年观众中人数居首位的是7~11岁观众，这个年龄段的观众主要关注历史；其次为12~18岁观众，该年龄段群体主要关心艺术和设计；排在第三位的是4~6岁观众。

美国芝加哥艺术博物馆曾被评为"与儿童最具亲和力"的艺术博物馆之首，其教育部门的组织管理模式具有代表性和典型性。它根据服务对象和工作性质，实行项目管理，并分为家庭教育项目、教师项目、阐释性媒体项目、学生项目、成人教育项目共5个项目组。

"家庭教育项目"组负责由家长带领的3~12岁观众的活动。工作人员制定家庭参观手册，举办讲座，指导家长怎样给孩子讲解艺术品和带孩子玩耍。所有的儿童活动项目都将参观与动手结合起来，如组织孩子玩积木、进行互动游戏和各种手工劳动。

"教师项目"组为学校教师设计课程，供他们选修，帮助他们成为艺术课教师，还提供明信片、彩色卡片、挂图、教师手册等教具和大量信息资源。

"阐释性媒体项目"组主要利用电子媒体和互联网开展活动，包括在展览中使用语音导览系统介绍展品，在网络博物馆让观众试听语音导览，建立教师信息资源库、参考书目录等。另外，在网络上教师还可给学生布置作业，学生也可设计虚拟展览等。

"学生项目"组负责17岁以下学生的教学。工作人员参考学校教学大纲制订详细的工作计划，组织学生在展厅上课或开展课外活动，也为有志于上艺术学校的学生进行指导。工作人员不仅负责组织学生团体参观，还编辑印刷各种宣传、教学资料，如海报和参观手册，并将这些素材发送到当地学校。

"成人教育项目"组负责18岁以上成人（包括老人）的教育，每年组织1200多次成年人教育活动。工作人员为在校本科生、研究生提供可计算学分的选修课，并围绕馆藏艺术品开办各种讲座，大部分都免费，不少讲座是将馆藏艺术品送至公司、医院、养老院举行的。

大都会艺术博物馆也开展了众多教育项目，并契合了不同观众的需求。

"日常项目"是其最基本的项目，主要针对各种自发的参观活动。馆中随时都备有免费的日常展览项目程序表，供游客索取利用。程序表的内容包括各展厅的简介，餐厅、衣帽间、洗手间等公用设施的位置以及步行路线，讲座、讨论会和影视资料的情况介绍。一些详细材料还公布在网上日程表、馆中每两个月编印一次的日程书、传单，以及每天张挂在馆门前的招贴广告上。此外，为团体观众组织的游览还可事先预约不同语言服务。大都会艺术博物馆的日常项目旨在较大范围地吸引观众兴趣，加深民众对视觉艺术的理解，促使他们频繁光顾。

"学校项目"是该馆针对小观众的项目。据内部统计，每年约有20万小到幼儿园、大到十二年级的儿童和青少年以班组为单位参观大都会艺术博物馆。因此，该馆教育部门也就一直忙于安排学生和教师的导游接待，并保障学生团体与其他接受导游的人流持续循环和前后衔接。为了做好该项目，教育部门专门设立了教师培训工作室、课程资源袋及博物馆信息网页，供学生和教师利用。教育部门除了大量组织参观游览活动，还负责编印出版有关材料，便于教师将艺术纳入平时的课堂。该项目的目标是使馆藏品成为学校课堂的实质性延伸。

"家庭和学生项目"是在前一项目的基础上，考虑到学生在周末、节假日与其家人的活动而设置的。大都会艺术博物馆每年向几千个家庭发放门票，让学生在假期与家人一起免费参观。同时，馆方还根据不同对象提供多语种服务。除了参观展品外，项目本身还包含了游览、画廊猎奇、家庭电影、艺术写作、绘画和艺术策划等。此外，馆方还提供有大量的讲座课程，这里面又分为初中、高中学生的免费课外项目与6~12岁孩子的周末家庭项目。每一项都是形式独特、内容有趣的艺术学习。

"社区项目"体现了大都会艺术博物馆通过与中学和其他机构的合作，使其教育计划越过高墙触及周围社区所做的努力。其中，最受欢迎的项目之一是"大都会"进学校，它以幻灯片讲座和由馆方教学人员带领活动的方式，将艺术直接输入课堂。另外，其他一些馆外项目也很风靡，如有艺术家指导的工作坊，在社区中心、大学、老人疗养院和公共图书馆等处设立集体热线电话服务。在夏季，有时当地的白日露营团也会被邀请至博物馆，由高校见习生带领着欣赏馆中陈列。

使馆藏艺术品走近每一个人，被大都会艺术博物馆视为基本职责。因此，馆方组织了多种适合病残和有生理障碍的个体观众的活动，命名为"为残疾观众的项目"。服务包括针对各种展览系列的"手语解说"(Sign Language),引导有听觉障碍的参观者及其家人游览画廊和艺术工作坊;专门为有视觉障碍的观众准备了一系列可触摸的馆藏品,其中一些埃及艺术馆或厅无须导览,任由他们通过触觉来感知艺术品,即"触摸展品"节目(Touch Collection)。

另外,该馆还有一种叫作"口头描述游览"(Verbal Imaging Tours)的项目,指的是经过特殊培训的人员用洪亮的声音准确而生动地为患有视觉障碍的观众描述展品形态。活动举办场地不仅仅是博物馆(包括主建筑和修道院分院),还包括纽约市和纽约市周边的其他地方。很多活动都免费开放,但有些仅对会员开放,或者需要预约登记。

二、实行"一体化"教育项目管理

在教育活动的组织管理上,世界多国博物馆的另一个突出特点是对观众参观博物馆的前、中、后三阶段教育活动进行"一体化"的管理。

教育活动不局限于观众的实地参观阶段,也包括参观前和参观后两个阶段。以"观众的实地参观"为分水岭,教育活动可以相对地划分为参观前的活动、参观时的活动和参观后的活动。参观时的活动固然是主体,但博物馆教育活动的规划与实施同样包括吸引目标观众、潜在观众和虚拟观众前来,以及对参观后的实际观众继续提供教育产品和服务。虽然三阶段的教育目标、任务都不同,实施策略、方法也各有侧重,但各阶段不是绝对分割的,而是一以贯之、环环相扣的一个系统,因此必须进行"一体化"管理,如此才能达到博物馆教育活动成效的最大化。

三、实行"衍生化"教育项目管理

(一)博物馆教育与职业教育的联系

随着博物馆教育功能的进一步发挥,发现博物馆具有很多促进社会、经济、政治发展的作用,但作为开放式且不以营利为目的的机构,使其不得不重新思考自身与社会的关系,要从教育观念上彻底发生转变。于是现代博物馆进行了一系列教育功能的衍生发展,如对藏品进行整理、制作、保存、修复和复制,通过对藏品的鉴定、分类、比较分析,进而发掘藏品携带的大量自然、历史信息等。但重要的是,博物馆展出的众多艺术品标本,都是工匠精湛技艺的具体体现,折射出的工匠精神是一代代传统工匠教育的传承。我们知道,职业教育的目的主要在于促进学习者的职业发展,提高劳动者就业、创业能力,满足社会对人才的要求,服务于经济社会发展,这与博物馆展出陈列的历史标本传递出来的工匠精神教育是高度吻合的,尤其是现代博物馆的迅速成长及其功能的日趋完善,使得博物馆与社会的关系也越来越密切，催生了社会和公众对其教育功能的新要求，而如何有效融入社会职业发展并发挥其应有的作用，这就必须对博物馆进行职业教育功能的衍生。

（二）博物馆职业教育功能衍生的途径

随着社会经济的发展，我国教育形式也发生了根本变化，在职业教育领域，人才的培养还不能很好的适应社会发展的需要，在专业设置、实际教育等方面与社会就业需求联系还不够紧密，职业教育中要更加注重技术性人才的培养。当然，在有效汲取国外成功案例和经验的同时，更要结合我国的实情来进一步改进和完善现代博物馆的教育功能，实现向职业教育的衍生和转变。要完善提高职业教育质量的体制机制。强调要健全德技并修、工学结合的育人机制。健全行业企业参与办学的体制机制和支持政策，支持行业企业参与人才培养全过程，促进职业教育与经济社会需求对接。这为推动博物馆职业教育功能的衍生化提供了政策支持，促使博物馆教育与职业教育有机结合，催生"馆校合作"、"馆企合作"等新兴教育模式，学中做、做中学，打破我国现代博物馆功能单一、教育成效不高的尴尬局面，不断提升服务社会和观众的水平。

第四节 基于不同形式的博物馆教育项目策划与实施

一、博物馆体验探究式教育项目的策划与实施

体验探究式教育项目的兴起，是中国博物馆社会教育的新动向，是中国博物馆重视和突出文化传播、宣传教育功能，重新审视博物馆教育发展方向，凸显博物馆教育"项目化"的重要举措。目前，博物馆界对体验探究式教育项目大多从案例的角度进行分析，鲜有对以体验探究式教育项目为支撑的博物馆教育新形式进行专题论述。因此，亟需对博物馆体验探究式教育项目进行研究总结和理论探讨。

（一）体验探究式教育项目在中国博物馆的实践

中国博物馆的体验探究式教育项目，大多是自然科学类博物馆和综合类博物馆先行试验的居多，但主要以案例式的分析研究为主，基本上是各成一派，不具有广泛性和规范性，因而不能形成规模，也没有形成可持续发展的长效机制。但也有一定数量的博物馆在体验探究式教育项目上倾注了相当多的心血和努力，积累了一定的经验。

如中国国家博物馆与北京德国文化中心·歌德学院合作进行体验式教育项目的设计和

开发，在新馆建立观众体验区，并从美术、音乐、戏剧、科学4个门类入手，开发了50余种教育体验项目，运用各式各样的媒介、丰富多彩的活动使观众进一步了解项目内容。在展示形式上既有最现代的媒体技术的运用，又留存传统的作品展示，更有创造性的戏剧表演，为观众留下了深刻的印象。体验式教育项目以青少年观众为核心，同时也兼顾其他年龄段观众的兴趣爱好，在拉近观众与博物馆的距离的同时，实现了博物馆的公共教育职能。

北京自然博物馆素有为青少年提供科普教育的传统，在开发体验探究式教育项目上，自然博物馆经过多年的努力和尝试，逐步形成了具有自己品牌特色的博物馆青少年教育项目，特别是与学校共同开发了一系列优秀的课例和教学设计项目。

中国铁道博物馆开展的《火车探秘》少儿探究式教育项目，是博物馆教育工作者结合常设展览内容，针对不同年龄阶段儿童心理特点设计的一组探秘活动。探秘活动将3~12岁儿童分成三个组，按幼儿组（3~6岁）、低年级组（7~9岁）、高年级组（10~12岁）设计项目。

（二）体验探究式教育项目的策划与设计原则

体验探究式教育项目的策划与设计，要遵循趣味性原则、竞技性原则、针对性原则和安全性原则。通过活动的设计，调动青少年学生参与教育项目的积极性，并在活动中轻松体会、探究其中的科学原理与奥秘。

第一，趣味性原则在于策划和设计项目时突出趣味性，让学生"先玩后悟"。博物馆教育工作者把学生集中起来后，先让学生按照正常的程序参观，然后引导学生做各种妙趣横生的游戏，开心地玩，愉快地玩，充分调动他们的积极性，提高他们的兴趣和注意力。博物馆体验探究式教育项目，因没有全国统一教学大纲和课程教材的严格约束，在教育项目的设计上可以更加灵活，内容更加多样化。

第二，竞技性原则是在教育项目设计中突出竞技性。体验探究式教育项目作为培养青少年参与意识，锻炼团队合作精神的手段之一，具有一定的竞技功能，结合中小学生好竞争、好竞赛的个性，不妨设计一组竞赛，以提高学生自身的活动能力，发挥参与活动主体作用，有效地激发学生的责任感、进取精神和学习兴趣。通过以小组为单位进行的竞赛，让学生感受团队的协作精神，提升自身的素质。

第三，针对性原则就是针对青少年学生的项目设计，要以"青少年学生"为本。针对学龄前儿童设计项目时，重点在于培养"玩中学"的兴趣和持久的注意力，以动手、启蒙、玩耍、益智游戏为主。针对小学生设计项目时，侧重培养小学生对于博物馆形象的认识和感知，配合学校科学、语文等课程，以及德育、美育教育，培养学生的参观兴趣。针对中学生设计项目时，侧重利用博物馆教育资源，结合学校课堂教学内容，诸如历史、地理、物理、化学、生物等课程，借助学校老师与博物馆教育工作者的师资力量，培养学生的理性认识与创新思维。

第四，安全性原则是在设计体验探究式教育项目时必须牢记安全性。在博物馆的环境下实施体验探究式教育项目必须保证学生和老师的生命与财产安全。因各博物馆的规模、环境不同，文物、展品、展项、设施的不同，具有一定挑战性的探究式项目同时又具备一定的危险性，特别是一些追求新奇、刺激且动感十足的寻宝、探秘之类的项目。这是博物馆教育项目的设计者必须时刻牢记的。

（三）体验探究式教育项目的作用和意义

体验探究式教育项目作为博物馆教育"项目化"新形式下的新型教育模式，对博物馆教育理念的更新、主体意识的塑造、教育空间的拓展具有重要意义。

第一，教育理念获得更新。体验探究式教育项目以亲身体验、自主探究、与他人合作为主，博物馆教育工作者为辅，围绕学校课程和实际生活相关课程展开调查、研究，通过主动获取知识和解决问题，提高创新精神和实践能力。在项目的设计与实施上，不是局限于关注学生的知识储备和学生已经知道了什么，而是强调学生想知道什么，变"要我学"为"我要学"，同时注重挖掘学生参与教育项目的当下体验和形成自己的观念。

第二，主体意识获得重塑。体验探究式教育所指的体验首先是行为体验，这是一种亲身经历的实践行为，是学生实现发展过程中不可或缺的重要途径。如何在行为体验的基础上升华，则是体验教育的第二层次——内心体验。博物馆体验探究式教育项目则是将行为体验与内心体验相互融合，这样可以丰富学生经历，促进学生在新奇、兴奋的体验中成长。在博物馆亲身体验和一步步深入探究中，学生从被动地接受知识转变为积极地探索知识，并有机会重塑一个全新的自我。

第三，教育空间获得扩展。教育空间的扩展包括教育内容和教育途径的扩展。体验探究式教育项目的内容不仅涉及陈列展览的文物展品资源，也涉及与展览主题、文物展品以及由其派生出来相关领域的相关知识。它可以超越文物展品、陈列展览，顺着相关脉络链接，是信息的再造，具有教育内容丰富、广泛的特点。教育途径的扩展主要表现在与传统教育途径相比较，体验探究式教育项目使得教育途径在与学校教育相衔接的教育课程、故事性的引导、角色扮演、体验探究等方面都得到了扩展。

（四）建立体验探究式教育项目的长效机制

要建立体验探究式教育项目的长效机制，必须考虑博物馆与学校的合作模式。在中国，一些博物馆学者提出了诸多有启示意义的观点，如将博物馆教育与学校教育互动的模式总结为6种：提供者与接受者、博物馆主导的互动、学校主导的互动、社区博物馆学校、博物馆附属学校、中介者互动。同时指出，6种模式没有优劣之分，因地因时因人的不同而有不同的成效与需要。无论哪一种模式，在博物馆与学校合作的过程中都必须面对冲突与挑战。

在中国，博物馆教育项目要纳入学校教育的课程体系，需要教育项目的设计者了解学校教育和博物馆教育的特点。学校教育的优势在于系统全面地教授理论知识，对于学生的动手实践匮乏，而博物馆教育的优势则在于动手实践，学生在学完知识后需要在生活中实践，在掌握了理论知识的基础上，掌握其用法，这样才是真正意义上掌握知识。因此，在设计体验探究式教育项目时，博物馆教育工作者需要熟悉学校课程教材，了解知识点、课程结构，这样才能设计出符合学生学习需求的项目。

那么，要确保博物馆体验探究式教育项目的可持续发展，形成在学校教育中的长效机制，需要从以下几个方面来考虑：

第一，制度的保障。这要求政府行政管理部门联合教育部门共同出台相关政策，倡导学校和博物馆将学校资源与博物馆资源进行有效整合，用于学生的课程教育。适时将开展教育项目的效果进行评估，并纳入学生的考核内容。为使体验探究式教育项目与学校课程形成有效衔接，可联合多家博物馆与学校合作，共同开发多学科的教育课程，如对于历史、地理、物理、化学、生物、语文、数学、科学等课程，分不同年龄学段形成"打包式"课程，供学校选择。

第二，人才的保障。人才是博物馆与学校开展体验探究式教育项目合作的基础。博物馆体验探究式教育需要懂业务、动手能力强和表达能力强的专业技术人才，需要策划、创意教育项目的研究人才，还需要宣传推广和教育项目的组织与实施人才。目前，博物馆与学校合作开展体验探究式教育项目，双方都缺乏专业的科普人才。博物馆只有专职教育人员，学校只有各学科的教师，所以要实现博物馆教育项目的长效机制，有必要建立由博物馆牵头建设科普教育的人才库，人才库包括知名科学家、教育家、科技专家、学校教师、科技爱好者，以及社会热心人士、志愿者等，以便从人才机制上确保博物馆体验探究式教育项目的开展与实施。现在国内已开始尝试由一些文化公司充当中介者，代理馆校资源整合而开发的体验探究式教育项目。

第三，资金的保障。博物馆作为一个公益性机构，从功能上应配有必要的教育项目经费。但由于各博物馆归属不同、资金渠道不同，因此配比的资金也不相同，存在着一些博物馆教育项目资金紧张的问题。

解决资金问题，需要博物馆教育工作者，首先设计出有特色的体验探究式教育项目，因为这是项目资金能否解决的关键；其次针对资金制定教育项目预算，在预算中严格控制开销，合理利用有限的资金；最后拓宽资金渠道，利用重大活动争取各方资金，补充经费也不失为一个好方法。

博物馆作为一个非强制性教育机构，教育目标不仅仅在于向观众传播了多少知识或信息，而是通过为观众提供的教育项目，培养其主动学习、发现问题、享受体验乐趣的良好习惯，从而为提升国民素质实现自身价值。体验探究式教育项目的实施过程正是注重这一导向，告诉观众，特别是青少年和儿童，生活中有许多问题值得他们去探究和思考，他们可以通过观察、调研、讨论、查阅资料、动手制作等多种方式获得解决问题的途径。博物馆通过开展形式多样、针对不同观众群体的体验探究式教育项目，帮助人们去体验、发现、欣赏自然和文化。

二、博物馆艺术教育项目的策划与实施

博物馆是综合收藏、展示、研究和教育功能的文化机构。当今，博物馆的教育功能，特别是艺术教育功能正日益得到重视。

（一）博物馆的艺术教育功能分析

博物馆作为文化机构，综合了收藏、展示、研究和教育的功能。其中，博物馆的教育功能，特别是艺术教育功能更是不可缺少的部分。国外针对博物馆教育功能的开发已经有比较长的时间，针对不同群体都有相应的艺术教育项目，但是在我国，博物馆艺术教育有待提升。因此，充分利用博物馆资源来开展艺术教育活动，以提高学生的艺术修养，进而促进全民艺术教育发展，成为当前研究博物馆艺术教育功能的重要课题。

博物馆教育功能是其职能发挥的重要领域，比如历史教育、科普教育、艺术教育功能等，其中，艺术教育功能是以博物馆数以万计的艺术藏品为基础。艺术教育功能能够尽可能发挥博物馆藏品的艺术价值，能够让大众接受良好的艺术熏陶和艺术教育，因此博物馆是学校之外又一重要的艺术教育场所。

博物馆艺术教育可谓是其教育模式的一大亮点。早在 20 世纪 70 年代，美国就已经开始鼓励发展博物馆艺术教育，以弥补学校在艺术教育方面的不足。博物馆所拥有的丰富的艺术资源通过开展艺术教育活动与校园文化紧密结合，学生可以通过与艺术珍品的近距离接触来丰富自身的审美体验。目前，已经有越来越多的国家致力于建立并完善博物馆艺术教育制度，加强博物馆和学校、家庭的联系，以促进艺术教育的发展。

（二）发展中国博物馆艺术教育项目的策略

1. 注重"体验式"教育

艺术教育是博物馆的一大重要功能。当前我国的博物馆艺术教育往往采用参观的形式进行，真正参与到艺术教育活动中去的人不是很多。针对这个问题，博物馆首先必须具备吸引观众参与教育的条件，在教育和娱乐的结合上进行创新，这是体验式教育提出的先决条件。

体验探究式教育要求博物馆设立专门的活动场所，配备专业的教师，在场馆内摆放一些藏品的复制品供学生接触体验，这既能够完善学生的艺术体验，又能保证藏品的完好。学生在这个场所内可以自由活动，近距离接触藏品，并且通过教师的讲解更好地理解藏品的内涵和价值所在，进而引发更多的思考。目前，国内一些博物馆已经开始做出相应的调整，如上海艺术礼品博物馆就开设了几个交流项目，通过艺术活动，达到让青少年亲身体验传统文化的目的。该博物馆每个月都会开设一到两日的体验课程，课程包括古法扎染、活字印刷、造纸术、手绘自选项目等，同时还会不定期邀请各国艺术家来馆举办讲座，或者举办不同主题的展览，让学生感受到生动的艺术氛围。

博物馆的展厅还要改变传统的陈列方式，采用开放的空间让学生能够全方位体验藏品。在一些有条件的博物馆中，还可以开设特定的区域满足不同人群的需求，设立一些主题空间，让学生接受主题式教育。

2. 加强馆校合作

英美等国家在馆校合作方面已经比较成熟，学校和博物馆之间大多建立了稳定的合作关系，为学校利用博物馆丰富的艺术资源、开展艺术教育提供有力保障。中国的博物馆应该加强和学校的合作，一方面能够为学校的艺术教育提供丰富资源；另一方面还能为博物馆引入专业的教师资源，弥补博物馆工作人员在艺术教育上的不足，从而能够更好地理解学生的需求，并制定相关的艺术教育课程。

博物馆要改变以往因资金短缺问题导致很多功能无法真正实现的状况，主动利用自身的优势筹集资金，比如定期举办收费的讲座或展览，与企业合作宣传、开发周边产品等。另外，博物馆还应加强和教育部门的合作，努力将博物馆艺术资源融入传统教学之中，让学生到博物馆进行艺术学习成为一种常态。

3. 开设数字化教育平台

互联网时代，数字化教学是教育信息化的产物，也是推动博物馆艺术教育改革的新模式。国外的博物馆网站上有非常丰富的艺术教育资源，供不同年级的学生使用。比如，大英博物馆在其官网上就涵盖了幼儿园到大学所有的博物馆艺术教育资源，分门别类，并提供不同主题的艺术教育项目。

我国博物馆数字化教育平台渐已展开行动。近几年，一些大型的博物馆先后开设网络博物馆，供大众在线学习观赏。比如，拥有超过上千件艺术藏品的宏源阁博物馆，就为广大艺术爱好者普及文物知识提供了一个良好的交流平台；扩建后的南京博物院新设了数字馆，以网络科技和现场互动相结合的方式，带给观众全新的古代文明体验。但目前我国的博物馆数字化教育资源还不能完全满足受众需求。若各博物馆加强网络教育平台建设，将有利于观众获得远程"参观学习"的机会。

除此之外，还可以在博物馆网站上提供各类藏品的影音资料，供人自由下载，在网上就能够完成自己感兴趣的课题的学习。

4. 创新博物馆艺术教育项目

博物馆艺术教育面向的对象是多层次的，因此针对不同层次的学生，需要创新性地开设不同教育项目，以引起学生的兴趣。

在空间的规划上，还要充分考虑学生的行为和认知需求。一般而言，参观的学生低年级的比较多，因此博物馆在空间上要安排尺寸较小的项目环境，重视互动的过程，通过游戏方式让低年级学生融入其中。

在题材的选择上，可以开设不同的主题空间，在不同的环境下摆设不同主题的藏品，并且形成一条线索，让学生能够从开始一直不断探索，运用自身的空间想象能力以及艺术体验来挖掘下一个主题。同时，还可以通过藏品的复制品为学生提供亲手触摸的机会，形成更加开放、多元的教育方式。

不管是国内还是国外，学界对博物馆艺术教育功能的开发和研究已越来越关注。一方面，博物馆和学校的合作不断深入，学校为博物馆提供优质的教师资源，博物馆则为学校提供丰富的艺术资源；另一方面，博物馆艺术教育正打破传统的讲课方式，开始更多地借助信息技术。博物馆教育应该在"体验式"教育、馆校合作、网络教育、创新教育项目等方面加强建设力度，推动博物馆艺术教育的发展，从而更好地发挥博物馆的艺术教育功能。

三、博物馆地域文化特色教育项目的策划与实施

从本质上来讲，博物馆是面向大众开放的社会教育机构，是城市的记忆、城市文明和历史的标志，在社会文化的宣传和教育方面有着不可撼动的地位，自然也就承担起了区域文明的传承和保护工作。因此，博物馆作为公共文化设施，在传播所在地的地域文化方面应当发挥更为积极的作用。

地域文化视角下的博物馆教育是对城市特色文化的重现，通过现代化的手段重新阐释传统文明，汲取对现代文明有利的养分，是避免博物馆教育活动同质化的重要途径。博物馆教育工作应当树立品牌意识，通过对特色项目的品牌塑造来实现博物馆教育的可持续发展。博物馆教育品牌的建设必须以馆藏文物资源为依托，深度挖掘其中所蕴含的地域文化资源，协助学校教育对社会大众进行包容性的、开放性的终身教育，对地域文化的弘扬与传承产生积极有效的影响。

（一）地域文化与博物馆的关系

1. 地域文化是博物馆存在的基础

地域文化是指聚居于特定地理空间内群体的人文精神、民众价值观等精神层面的内容。它是地方文化的精华，与当地的风土人情和自然环境密不可分，最能体现和展示一个地区的特色。

独特的地域文化应当是一个博物馆存在的基础，也是避免"千馆一面"的必要条件。一个博物馆如果想在激烈的市场竞争中脱颖而出，必须要有独特的文化吸引力。与其他地区的文化有截然不同的特点是博物馆创新的有力武器，是造就一个优秀博物馆最根本的基础。因此，地域文化就成了博物馆成长、发展、壮大的土壤，博物馆需要不断向地域文化汲取丰富的灵感，不断对外输送优质的地方文化。只有根植于这片肥沃的土壤之中，博物馆才能获得长久的发展动力，才有根本的文化精神内涵，找到属于自己的文化特色。

2. 博物馆是地域文化的名片

地域文化对博物馆的特色化发展有着决定性作用。同时，博物馆也是展示和传播地域文化的窗口，为地域文化的发展提供动力。作为一个地区文化的亮丽名片，博物馆最大的受众当属所在地的广大人民群众，他们在参观博物馆时，可加深对这个地区的印象，得到新的感悟。

现代的博物馆教育项目品牌建设也必须考虑独特的地域文化，通过公众喜闻乐见的形式，将抽象的地域文化转化成可感知的人文符号，借由博物馆的窗口宣传本地区文化，打造独一无二的博物馆教育项目品牌。对地域文化而言，优秀的博物馆教育项目品牌是弘扬地域文化的助推剂；对博物馆自身而言，优秀的教育项目品牌建设也是博物馆发展壮大、扩大自身影响力不可或缺的因素。

地域文化与博物馆间是相辅相成、密不可分的。一个博物馆如果想避免博物馆教育活动的同质化，并在竞争激烈的市场中赢得独特的文化优势，就要从本地区宽容博大的地域文化中汲取灵感，开展博物馆教育项目品牌建设。

（二）博物馆地域文化特色教育项目品牌建设策略

1. 立足地域文化资源

每个地区都有自己独特的文化资源，向人们传递着这个地区的地域特色、审美情趣和情感氛围。一个优秀的教育项目品牌建设离不开深厚的文化内涵，而博物馆教育项目品牌的建设更加离不开当地丰富、厚重、特色的人文历史资源。博物馆作为城市文明的标志，其馆藏与当地的历史文化必然密不可分，在教育项目品牌的建设中，应当将地域文化和馆藏资源有机结合。如广西壮族自治区博物馆在教育项目的设计中，就对广西丰富的地域文化资源和馆藏资源进行了深入挖掘、融会贯通，从中提炼、总结了瓯骆文化、花山文化、铜鼓文化、海丝文化等教育资源，积极将广西地域文化融入博物馆教育项目品牌建设中，打造了"瓯骆学堂""文化遗产周周学""跟着博物馆游广西"等地域特色鲜明的教育项目，取得了很好的成效。

2. 拓展教育手段和教育空间

文物资源是死的，但是文物资源的教育手段是活的。对现代的博物馆地域文化特色教育项目品牌建设而言，仅有丰富的地域文化作为灵感来源还是远远不够的，还需要更多元化的文化宣传方式和文化挖掘手段，以扩大特色博物馆的知名度，为博物馆带来大批量的游客和持久的关注，才能打造有特色的、地区首屈一指的博物馆教育项目品牌。

除了传统的教育形式外，在"互联网+"的大背景下，博物馆还应积极运用现代互联网信息技术与条件，通过"互联网+博物馆教育"来拓展文物资源的利用空间，提升文物的社会影响力。此外，要积极推行合作共赢，坚持融合式发展，与本地区的文博机构、学校、商业机构、媒体等展开深度合作，通过资源共享、优势互补的方式，不断拓展教育空间，共同将博物馆教育项目品牌做强做大，让地域文化得到更为有效的传播。

3. 加强专业人才队伍建设

人才是推动品牌建设的主体。但由于种种因素的影响，博物馆教育人员在知识结构等方面存在短板，成为博物馆教育项目品牌建设的最大阻力。在新形势下，我们应当以发展的视角，把着重点放在教育人员的素质提升上，不断进行方法、途径和形式的创新。通过完善人才引进机制、优化人才配备结构、提升管理水平和运行效能等，培养和造就一批层次结构分明、年龄结构合理、知识结构科学的人才，努力提升教育人员的研究能力和策划水平，科学、深入地发掘地域文化的精神文化价值，培育具有地域特色的博物馆教育项目品牌。

博物馆作为一个地区对外文化交流的窗口，担当着促进社会文化交流、弘扬地域文化内涵的责任。博物馆的主要文化资源来源于当地独具特色的人文底蕴，而当地的文化也需要通过博物馆进行展示和传播。这个过程不只是文化交流的过程，更是博物馆树立自身教育项目品牌的过程。因此，我们应当充分认识地域文化在博物馆教育项目品牌建设中的重要性，通过立足地域文化资源、拓展教育手段和教育空间、加强专业人才队伍建设等手段，建立起强大的品牌基础，从而培育具有地方特色的博物馆教育项目，充分实现博物馆教育职能。

第七章 博物馆文化创意产品开发与营销推广

第一节 博物馆文化创意产品的界定与价值构成

一、博物馆文化创意产品的内涵界定

(一)"博物馆文化创意产品"相似概念辨析

1. 文化产品与博物馆文化产品

"文化产品"有各种定义,学界较为认可的是联合国教科文组织(UNESCO)的说法:个体和集体创造性劳动的成果均可视为文化产品,一般由文化产业相关活动提供,可细分为文化商品和文化服务。文化商品指的是用于表现特定生活理念和生活方式的消费品,具有传递文化信息或提供消遣娱乐的作用,能够通过工业大量生产并广泛传播,有助于族群建立集体认同感,进而影响文化实践。文化服务则是指由政府、公立机构、公司或个人提供的、用以满足大众文化需求或者获取自身文化利益的活动,如博物馆和图书馆提供的服务及艺术表演等非物质形态的文化活动。

从"文化产品"的定义来看"博物馆文化产品",亦可分为文化商品和文化服务两个方面。广义上讲,博物馆作为主要的公共文化服务机构,其对外提供的所有有形产品和无形服务,包括展览、教育活动、审美体验和衍生商品等均可视为"博物馆文化产品"(museum products)。狭义上讲,博物馆文化产品主要包括展览和商品两类:博物馆组织的一项常规展览或者特展即为一个整体性的文化产品,博物馆开发和售卖的旨在传达展品信息的商品也是一类文化产品。后者即本文的研究对象"博物馆文化创意产品"。

2. 创意产品与博物馆创意产品

"创意产品"与"文化产品"既有联系又有区别。概言之,文化产品侧重于文化艺术价值,创意产品虽内含文化性,但更强调创造力与科技创新的元素。

从"创意产品"的定义来看,包括侧重于文化艺术创意和侧重于科技创新元素的两类产品。博物馆创意产品一般都具有较强的文化性,因此"博物馆文化创意产品"的称谓更为恰当。基于博物馆资源开发的产品在研发设计过程中涉及较多创意思维的运用和创意元素的融入,称之为"博物馆创意产品"亦未尝不可,且此含义可以囊括艺术类博物馆、自

然科学类博物馆、行业博物馆等所有博物馆开发的衍生产品,定义的外延实现了最大化。但考虑到博物馆建筑设计和展览设计等无形创意设计也可归类为"博物馆创意产品",范围过于宽泛,为研究对象的聚焦,本文仍倾向于采用"博物馆文化创意产品"的定义。

3. 艺术衍生品与其他

"艺术衍生品"(art derivatives),是指以艺术家的艺术作品或具有艺术价值的历史遗产作为原型,继承了原作的特色艺术元素与符号,采用创意设计的手法将符号价值寓于新的载体之中,设计、生产的兼具美感与实用性的特殊艺术产品。就销售渠道而言,除博物馆商店出售部分艺术衍生品外,大多数艺术衍生品可以在画廊和艺术超市交易,网上艺术品电商也成了新兴的重要交易平台。艺术衍生品的概念包含但又不限于艺术博物馆和综合性博物馆开发的基于藏品资源设计的文化创意产品。从设计原型必须具有较强艺术价值的角度出发,自然科技类、行业类博物馆开发的文化创意产品并不能简单地归为艺术衍生品。

博物馆文化创意产品的别名还有"博物馆商品"和"旅游纪念品"等。其中,"博物馆商品"(museum store product)来源于西方博物馆零售业的语境,特指在博物馆商店中出售的产品。"商品"的指称更加强调此类物品的商业交易性质,但未能涵括其蕴含的文化创意要素。因此,虽然"博物馆商品"的概念范畴和"博物馆文化创意产品"基本重合,但是在具体使用时,采用"博物馆文化创意产品"的说法更加能够凸显其有别于一般商品的文化创意特性。"旅游纪念品"(tourist souvenirs)统称旅游市场上出售的具有纪念性质的商品。随着博物馆和旅游行业的深度融合,博物馆文化创意产品也可视为旅游纪念品的一种形式。但以"旅游纪念品"指代博物馆文化创意产品,含义过于宽泛粗放,无法彰显此类产品的文化价值和创意内涵。

(二)博物馆文化创意产品的内涵与外延

通过对各种不同称谓的梳理与比较,发现"博物馆文化创意产品"这一概念最能准确、有效地涵括本书对象的主要特征。"博物馆文化创意产品"(museum cultural and creative products,简称"博物馆文创产品"),可以具体定义为"在博物馆实体商店或者电商平台销售的,创新性提取、运用馆藏文物的文化艺术元素设计、制作的融观赏性、纪念性、实用性为一体的特殊商品"。该定义包含以下三个方面的内涵:

其一,限定了产品的设计、销售和服务主体。首先,博物馆文创产品必须基于博物馆馆藏资源开发,其研发设计原型是博物馆的展品或者藏品。任何未进入博物馆收藏的艺术作品,无论具有多大的价值,以此为原型开发的产品只能归类为"艺术衍生品",不属于博物馆文创产品。其次，该类产品只能在与博物馆有关的渠道上销售，如博物馆内设商店及其馆外分店、博物馆官方网站或者授权经营的交易平台等。最后，博物馆文创产品的研发主体和服务对象主要是博物馆，它存在的意义是为了延伸博物馆展览的教育传播功能，并为博物馆创造经营性收入。

其二，突出了产品的文化和创意特质。博物馆文创产品同时具有文化产品和创意产品的特点，既有较强的文化性、艺术性、观赏性，又融合了创意思维和创新技术的运用。不同于纯粹的科技类创意产品，博物馆文创产品的研发原型为历史文化遗存，通过对原型文化艺术元素的提取和挪用进行设计，使产品体现出相当的文化价值。但博物馆文创产品不是对馆藏文物的简单复刻，而是研发人员巧妙创新设计方法与技术，结合人体工程学和心理学研究成果，融入对时尚趣味的理解，打造的具有较高使用价值的物品，实现了审美性和实用性的统一，其质量和价位都应高于具有同等功能的普通商品。

其三，规定了产品的类型和经济属性。不管是文化产品还是创意产品，都包括有形和无形两类。博物馆文创产品亦是如此。虽然在目前人们的认识中，博物馆文创产品仍以具有物质载体的有形产品为主，但无形的数字化文创产品越来越受到博物馆的重视，其在宣传博物馆展览方面的影响力和传播力也日益扩大，并逐渐形成了一定的营销推广模式。产品的经济属性内含于博物馆文创产品的定义之中。博物馆文创产品是博物馆发展文化创意产业的直接产物，与一般文化产业生产文化产品一样，博物馆研发生产文创产品的主要目的是创造经济收入，拓宽资金来源渠道。

二、博物馆文化创意产品的价值构成分析

长期以来，对物品"价值"的讨论更多的属于经济学和哲学的范畴。"价值"产生于主客体间的关系，即客体的属性与功能满足主体需要的程度。如果客体的功能或者属性可以满足主体的需要，无论是物质需要还是精神需要，即可认为客体对主体具有某种价值；客体价值的高低则取决于满足需求程度的高低。基于博物馆文创产品是一类特殊的商品和文化产品，探讨它的价值构成，有必要从一般商品、文化产品和创意产品各自的价值构成来展开分析。

博物馆文创产品既是文化产品中的特殊类型，也是创意产品中独特的一类。因此，它的价值构成兼有文化产品和创意产品价值构成的诸多特点。作为文化产品，博物馆文创产品的价值可以用效用价值理论予以分析，具有创新性、娱乐性、衍生性、可复制性等特点，且有相当的正外部性，它的价值形成于动态的过程，受到主观评价的一定影响。但是，区别于影视广播等无形文化产品，博物馆文创产品多数有物质载体，供私人或者家庭购买，意识观念性和公共性较一般的文化产品薄弱；定价虽然受到主观评价的影响，但基

于其内在工艺和使用价值,仍然有一定的客观标准。博物馆文创产品和创意产品一样处于多维度的价值体系之中。创意产品的价值构成模型基本适用于博物馆文创产品的价值分析,亦可分为使用价值、市场价值和非市场价值三个层次,但其美学艺术和历史文化价值高于科技创新价值。以往国内外研究者对于博物馆文创产品价值特征的系统性总结较为罕见,通常泛泛归纳为经济性、实用性、观赏性、知识性、文化性、收藏性等。

对于博物馆自身乃至社会经济的整体运作而言,开发文创产品具有显著的经济价值和教育价值;对于消费者而言,购买文创产品除实用性的考虑外,在很大程度上亦源于审美需求和内在心理需求的驱动,由此形成博物馆文创产品的审美价值和情感价值。

(一) 符号消费理论视角下的经济价值

作为文化创意产业的有机组成部分,开发文化创意产品无疑将为博物馆乃至整个社会创造可观的经济收入,其中蕴含的巨大发展空间源于现当代文化的视觉符号转向,消费逻辑逐渐取代生产逻辑的背景以及体验经济的兴起。

部分从事视觉文化研究的西方马克思主义学者,根据马克思对于文化商品特殊性的论述,提出了"马克思经济学"理论。他们的主要观点是,与传统的以语言为中心的理性主义形态不同,当代文明正在日益转向以视觉为中心的感性主义形态。而在以视觉和图像为中心的文化语境中,形象符号的生产、流通和消费越来越重要,成为主流形态。代表人物英国社会学家拉什认为,当代社会生产出来的越来越多的不是物质对象,而是符号。有两种类型的符号:一是具有认知内容的信息商品,二是具有审美内容的艺术商品。后者不但体现于具有基本审美要素的产品(电影、电视等)的迅速增长,而且也反映在物化商品中蕴含的符号价值和形象要素的增加,物质对象的美学化在其生产、流通和消费过程中完成。

体验经济的兴起是推动现代文化产业发展的主要背景,以超越同质化和标准化的产品与服务营造增值效应,以提供给消费者某种良好的心理体验为目的,形成个性化的生产与服务,提高人们的幸福感和生活质量。从这个意义上来看,所有文化产品和文化服务都有赖于体验经济的发展,但是体验经济格局的全面形成,主要表现在企业将提升产品体验感的思想融入和应用于产品设计及市场营销环节。博物馆文创产品的开发即是顺应体验经济潮流的举措,通过对文物资源及艺术元素的提取和运用,创新性开发满足人的精神和物质双重需求的产品,使消费者在日常生活中体验到文化的浸染和艺术的熏陶,从而提升生活幸福感和人文素养。

在符号经济、消费经济和体验经济勃兴的时代,博物馆发展文化创意产业已经创造了可观的经济收入,成为现代文化产业体系中不容忽视的一环,并且面临着重要的发展机遇和广阔的发展空间。

（二）基于心理学和传播学理论的教育价值

随着"新博物馆学"理念的确立，博物馆的创立宗旨经历了"以藏品为中心"向"以观众为中心"的转型，公共教育责任得到充分的彰显和重视，成为博物馆的核心功能。博物馆应切实履行其作为重要教育资源的职能，为各阶层人群提供教育类服务。而公共艺术教育在现代社会中的重要性不容忽视，有利于培养公众的审美品位和创造力，提升文明素养。参观博物馆是公众接受公共艺术教育的主要途径。现实生活中，博物馆主要通过展览提供公共艺术教育，辅之以讲座、导览、论坛、活动等多种教育形式。但是，传统的博物馆参观模式面临着三个问题，阻碍了公共教育和传播目标的顺利达成：

其一，展品陈列方式在观众和作品之间制造了距离感。观众和作品间的天然鸿沟和永恒的距离感始终存在。而许多历史上留存下来的作品是需要通过近距离欣赏、观看，乃至抚摸、把玩，才能充分显示细节艺术魅力，最大程度发挥其文化浸润和美育的功能，如中国古代书画多为卷轴的形式，方便观者在手持、展玩间感受艺术之美。展品所处情境的改变和距离感的营造无疑妨碍了文化价值的有效传达。

其二，遗忘规律的存在导致观众对博物馆和展品的印象不断淡化。步入博物馆的观众需要面对成百上千件文物和附着其上的大量信息，而参观时间至多一天不超过十个小时，人脑在短时间内接收信息的能力有限，必然会无意识地有所选择。人在接收和学习陌生知识之后，如若不进行有效复习，第二天仅剩下25%的记忆。因此，除少数专家和艺术爱好者反复参观博物馆研究展品外，大量的普通观众一年内步入同一家博物馆的次数有限，对展品和博物馆本身的印象必然会不断弱化，最后只留下模糊的记忆，极大地违背了博物馆开展公共艺术教育的初衷。

其三，单向灌输式的教育方式不利于深入理解和感受。按照一定的时间序列和叙事方法设计的博物馆展览，根本上还是信息灌输式的单向灌输式的教育方式。既有的教育学研究成果表明，相比于双向交流的互动式教育，这种教育方式并不利于知识信息的吸收和美育目标的达成。

尤其是出生于网络时代的80后、90后和00后，更加排斥单向和教条式的学习模式，偏爱通过探索体验寻求知识，通过新媒体主动获取信息。因此，博物馆为更好地履行公共艺术教育职能，需做好以下三方面的工作。

首先，文创产品提供的切身文化体验满足了观众亲近展品的需求。艺术品的批量生产使得其不再为精英阶层所垄断，从而实现了艺术的民主化和普及化。从某种意义上说，博物馆文创产品也是对艺术原作进行机械复制的产物，因而对于艺术品进入大众视野，实现广泛的公众艺术教育具有显著的意义。观众可以通过购买和拥有文创产品的方式持有、把玩缩小版的艺术作品或是其一部分，笼罩在艺术品之上的"光环"消失了，艺术品嬗变为可亲近、可感受、可接触的寻常之物，从而加深了对其文化艺术价值的理解。

其次，文创产品长久延续了观众对博物馆和展品的记忆。对抗遗忘规律的唯一方法是不间断地复习和巩固。对于没有条件在短时间内反复出入博物馆参观同一个展览的普通大众而言，保留文物原貌或是展现其核心艺术元素的文创产品是对博物馆之旅最好的纪念和提醒。随手可得的文创产品以融入日常生活的方式，巩固、延续了消费者对博物馆的美好记忆，每一次的使用都宛如昨日重现，唤醒人们脑海中对某些曾经留下深刻印象的展品的回忆，催生出再次参观的欲望。对于偶尔来访的客人，它们还将传达来自博物馆的讯息，传播博物馆文化，令其萌生前去参观的想法。

最后，文创产品营造了沉浸式和互动式的学习氛围。与单向灌输式的教育方式相比，互动式和浸入式的教育模式显然更具优势。虽然在博物馆开展的展陈设计和教育活动中已经有意识地运用了多种体验式学习方法，但虚拟的数字化文创产品可以让观众在远离博物馆的情境中依然沉浸于博物馆的传播场域，从中获得知识信息和审美陶冶。AR、VR等虚拟现实技术在博物馆文创产品中的运用创造了虚拟情景体验，结合传播学、心理学知识开发的导览和游戏类APP等无形文创产品，让观众在轻松自如的心态下观赏和了解展品，更好地激发了观众对博物馆文化的兴趣以及主动探究的积极性，同时，博物馆教育的覆盖面得以有效扩充，成为随时随地可以获取的教育资源，与传统的教育方式相比，显示出极大的优越性。

（三）视觉文化背景下的日常审美价值

博物馆文创产品有别于一般商品，形成其核心竞争力的另一个重要价值是审美性。审美需要是人类有别于其他动物的高级精神需求。

在"审美泛化"的背景下，博物馆文创产品的开发以满足消费者的审美需求为内在驱动力，是日常生活审美化的具体体现。博物馆文创产品的审美价值来源于两个方面：一方面是作为开发原型的文物资源自身具有的审美意蕴，另一方面是通过艺术化设计方式最大程度提取和表现产品的美学内涵。

文创产品中的仿真复刻品，直接被应用于家居装饰，更是充分发挥了审美效用。设计产业融合美学观念是审美经济的表现。艺术与技术、文化与设计结合在一起的技术美学观，使文化因子、文化元素广泛地渗透到物质产品中，通过商品中文化价值的强化，走向家庭艺术化、社会审美化。博物馆文创产品充分发挥和利用文化艺术元素在物质产品设计、制造中的作用，通过改变产品的外观造型设计或内部构造设计，在提高产品实用价值的同时，赋予或提升产品的审美价值。

（四）文化资本理论视域下的情感价值

情感价值是博物馆文创产品所拥有的一类特殊价值，有别于一般文化产品的体验性。从广义上说，博物馆文创产品的审美价值、教育价值等都可归为"情感价值"的范畴；从狭义上说，"情感价值"特指消费者因拥有文创产品而获取的身份认同感，属于需求层次理论中"自我实现需求"的一部分。

在博物馆文创产品价值构成体系中，经济价值和教育价值属于社会和博物馆自身从开发文创产品中获得的价值，审美价值和情感价值则是消费者从购买、拥有和使用文创产品的过程中体验到的价值。这四种价值有着极强的内在联系，审美价值和情感价值的存在提升了产品的经济价值和教育价值，而对产品经济价值和教育价值的认识也从侧面增强了消费者的审美和情感体验。在此四种价值的基础上，衍生出文创产品的收藏价值、装饰价值、实用价值、投资价值、传播价值，进而形成博物馆文创产品复杂而多样的价值系统。

第二节　博物馆文化创意产品的基本开发模式

一、博物馆文化创意产品开发的五种基本模式

从国际上来看，博物馆开发文化创意产品的基本模式可以分为独立研发、代销、合作研发、市场采购、艺术授权五种类型。

（一）独立研发模式

独立研发指博物馆自负盈亏，独立设计产品、推动产品研发，并承担所有的研发费用和营销风险。博物馆自行研发的产品（museum-developed merchandise）通常与博物馆的宗旨和藏品紧密联系，这些产品区别了博物馆文化创意产品交易平台与博物馆之外的书籍、礼品店。由馆内自行研发的产品若能充分结合目标消费者的需求，将获得专业零售的最大利益。观众购买的意愿越强烈，行为越频繁，文化创意产品交易平台的收益增长越快，对博物馆整体发展的回馈也越充分。因此，博物馆自行研发产品，应成为所有产品开发的重要部分。许多专家相信，独立研发产品将是博物馆的优势所在。

（二）代销模式

博物馆代销，是指由博物馆之外的企业或厂商等提出开发文化创意产品的方案，提交

博物馆审核。博物馆审核通过的方案，则由厂商自行出资投入生产。博物馆与厂商签订合同，产品可在博物馆的营销渠道出售。相对于独立研发模式，这种代销模式可以为博物馆节省开支，规避部分营销风险。

（三）合作研发模式

合作研发是指由博物馆发出创意招标，中标的设计企业或设计师负责研发和生产，最后的成品在博物馆的渠道销售，收入在博物馆和企业之间进行分成的模式。博物馆无论规模大小，均可采用合作研发模式。在产品设计之初，企业就与博物馆密切合作，就博物馆想要研发的产品进行充分的沟通，确定并落实方案，由企业投资研发制造，博物馆提供营销渠道。这种方式与前述代销方式相似，不同之处在于，博物馆参与程度更高；同时，博物馆需要支付的费用和产品销售风险可得到更大程度的降低。在这种模式下，博物馆通常需要支付研发费用，如铸模（molds）、打版制作（tooling）和艺术品塑造费。如博物馆自己拥有铸模工具，则在研发费用上可取得适当的杠杆平衡作用。也即，当原始供给博物馆产品的厂商改变时，博物馆由于拥有模具的所有权，能够立即着手委托其他厂商另行制造产品，而不会因更换厂商而重复支出研发费用。通常这一类的产品，博物馆会要求专卖权，也即，消费者无法从其他博物馆购得产品，因此更具特色和纪念性。有些博物馆专卖的产品已经成为博物馆特定品牌的重要营销工具。

（四）市场采购模式

从公开市场（如贸易展、手工艺博览会等）采购产品也是博物馆文化创意产品的来源之一。博物馆根据其需要达成的教育和传播目标，选购市场上已有的文化产品。这种方式多用于短期特展纪念商品的采购，有利于把握时效、节省成本。同时，通过此渠道，博物馆可以广泛且仔细地搜寻与博物馆教育目标相符的商品，并进而与厂商接洽。此外，对于参与贸易展或手工艺博览会的博物馆而言，可以借此机会全面了解博物馆文创市场的概貌、流行趋势以及产品的相对售价等，并获取博物馆开发文化创意产品的灵感，或与更多有潜力的主要制造商建立联系。

（五）艺术授权模式

博物馆的艺术授权（art licensing）指博物馆将受到法律保护的藏品图像数据、设计、文物资源或博物馆商标等授权给厂商，用于开发文创产品，而厂商必须支付博物馆产品的版税或权利金。对博物馆而言，艺术授权的方式可以使其免于商品研发的财务负担，同时，博物馆也必须扮演管理者的角色，监督厂商并确保所生产的产品能够兼具质量与实用性。通过授权的行为，附有博物馆标志的众多商品得以广泛散布，这样一来，除了能为博物馆开拓更多财务来源之外，凭借商品的流通，也充分发挥了博物馆的广告宣传效益。

对营运能力强的大型博物馆而言，灵活采用这五种文化创意产品开发模式，可以应对不同的状况。市场采购模式更适用于特展和合作办展；当博物馆缺少经费与人力，但又需开发文化创意产品时，多采用第二种或第三种模式；当博物馆外企业对博物馆藏品的商业运用表示高度兴趣时，则采用艺术授权模式；就产品开发活动的形式来看，从第一种至第四种方式，博物馆皆是为了供应博物馆商店而为之，唯有第五种艺术授权方式，是厂商主动、博物馆采取配合的情形。

从博物馆文化创意产品的开发模式与营运状况来看，绝大部分博物馆开发文化创意产品的初衷乃是增加博物馆的收入，因此从产品的目标市场定位、开发预算经费、产品规划到产品的销售渠道等，均易于局限在博物馆的框架之内。然而，在文化创意产业在全球蓬勃发展的当今时代，博物馆拥有文化创意产业的核心创意资源，这也是工业设计领域与文化产业界取之不竭的创意和灵感来源。博物馆虽自身资源不足，但如能凭借拥有的"文化资本"，与工业设计界和文化产业界密切合作，则博物馆文化创意产业能够触及和影响的范围大大突破博物馆传统的框架限制，扩大至整个社会层面。而博物馆希望对外传播的文化特色和意欲实现的教育目标，将因之更容易达成。

因此，在上述五种博物馆文化创意产品开发模式中，第五种艺术授权模式应可跃升成为主流模式。目前，多数博物馆对于授权方式仍采取被动态度，等待着馆外厂商找上博物馆。博物馆应更积极主动地寻求授权合作，原因是博物馆最了解自身的藏品与特色，若能主动出击，将会取得更好的合作成果，同时，博物馆应制定与授权方式相关的配套措施与行政体制方案，以为应对之道。

二、中外博物馆开发文化创意产品的模式异同

（一）国际博物馆开发文化创意产品的主流模式

国际知名博物馆多数都拥有文化创意产品设计团队，同时也希望利用品牌合作商的资源扩大市场，并建立了完善的艺术授权产业链，因此多采用"独立研发+合作研发+艺术授权"的混合开发模式。如大都会艺术博物馆不仅拥有自己的产品设计团队，而且直接经营工厂，其独立研发的产品直接由馆方经营的工厂生产；博物馆设有专门的销售部门，下设"总馆商店经营""分店、视觉促销、商店规划""批发零售""财务和营运计划制定""营销和公共关系""商品管理"六个子部门，负责从文化创意产品开发规划制定到商店营运、顾客服务的各个环节；在具体的研发设计过程中，与销售部门并行的教育部门、研

究部门也会参与其中，负责对产品方案的审核把关，真正将文化创意产品开发融入了博物馆运行机制和总体发展规划；负责销售业务的员工，全力协调展览部门与工厂之间的合作，规划相关产品，并随时注意消费者的需求与流行趋势，开发新产品，或将旧产品披上新的流行色彩；文创团队通常在展览前两年即着手进行展览衍生产品的研发工作，与展览研究员的沟通平均持续一年以上，以求研发极具教育意义的衍生品，又不致曲高和寡。

美国旧金山亚洲艺术博物馆也非常注重原创设计，拥有自己的设计团队，自行研发设计产品后委托厂家生产制造。

大英博物馆采用混合型文化创意产品开发模式，下设文创设计部门，由若干全球采办负责自行设计，或委托馆外设计师设计，同时从固定的合作厂商直接购买产品。

卢浮宫博物馆采用以艺术授权为主的经营模式，博物馆自身并不独立设计产品，而是授权给博物馆协会设计生产，收取授权费用。但是在博物馆研发产品过程中，卢浮宫教育、研究部门的相关成员会对产品的质量和传播效果进行审核把关，监管最终的设计方案，并以自身庞大的客源创造营销渠道。

（二）我国博物馆开发文化创意产品的主要模式

我国目前拥有自己的文化创意产品设计团队、具备自主研发能力的，仅有北京故宫博物院、台北故宫博物院和上海博物馆等几家大型综合性博物馆；在艺术授权环节上，多数博物馆尚未构建完善的产业链，因此采用最多的是第三种模式，即通过招标形式委托合作研发产品。在实践中，也有许多博物馆采用"独立研发+合作研发""合作研发+艺术授权""独立研发+合作研发+艺术授权"等两种或者三种混合的运作模式。

在具体的经营模式上，我国博物馆也呈现出多样化的特点。部分中西部中小型博物馆仍采用场地出租或职工承包经营文化创意产品的方式，开发的产品品种单一、规模较小。部分人力资源丰富的博物馆采用内部经营管理模式，成立独立经营网点。比如，南京博物院特设文化创意部，负责博物馆文化创意产品的设计、开发和营销，并对委托招标的文化创意产品经营开发项目进行审核与论证、监督与管理。

部分资金充足的博物馆将文化产业开发部分和公益性服务部分相分离，成立隶属于博物馆的文化产业公司实体。

采用博物馆内部经营和下属公司运营是相对成熟的做法，适用于我国规模较大的综合性博物馆，由这些博物馆开发的产品也构成了我国博物馆文化创意产品的主体。

台北故宫博物院设有"文创行销处"，负责馆内出版品发行、知识产权管理授权、藏品图像及文物艺术发展基金业务执行管理以及其他有关文创发展的相关业务。关于产品的销售，由台北故宫博物院下设独立财务经营团体"员工消费合作社"全面负责。该社实行社团法人负责制，核算体系独立，其商品全部来自博物院，没有独立采购权，对商品仅有提出建议的权利。

第三节　博物馆文化创意产品的设计方法

从设计方式来看，博物馆文化创意产品的设计既需要遵循一般文化产品和创意产品的设计法则，也有自身的特殊性。设计师需充分运用发散思维、联想思维和创意思维，从不同角度解读文物元素，实现符码转化，创造出各类博物馆文化创意产品。以往从设计方式和设计策略来分析博物馆文化创意产品的研究成果尚不多见，近年来，部分艺术类院校设计专业教师和学生的论文对此略有涉及。

博物馆文化创意产品设计的关键在于，萃取蕴含于文物文化元素中的象征意义，将之转换成视觉消费符号，再将这些消费符号设计成创意产品。综合已有的研究成果，博物馆文化创意产品的主要设计方式有五种：元素提取式设计、功能融合式设计、意境传达式设计、情景复原式设计、互动体验式设计。

一、元素提取式设计

元素提取是博物馆文化创意产品设计中使用最普遍，也是最容易采用的一种设计方法。该设计方法主要是通过提取原型文物具有辨识度的特色纹饰、图案、色彩和造型特征，用平面设计的方式刻印、绘制在文化创意产品之上，创造出具有较高文化附加值和艺术审美价值的产品。元素提取式设计主要分为整体运用、局部截取和解构重组三种方式。

所谓整体运用，即将文物的整体造型纹饰进行微缩化处理后，改变材质，应用于创意产品的外形塑造。占据博物馆文化创意产品一定比例的文物复制品就属于这种设计方式。另外，通过这种方式还可以开发许多在外形上可以直接应用文物原型的产品，如根据罗塞塔石碑开发的拼图、明信片、首饰盒、书立、镇纸等，外形均为石碑形状且印有石碑的完整图案。

相对于整体运用，局部截取文物的纹饰图案并应用于产品装饰的做法更为灵活和常见。衣物首饰和生活用品类文化创意产品的设计多采用局部截取文物元素的手法。在文物信息的保留和传达上，局部截取不如整体运用完整而一目了然，这就要求设计师对文物的背景信息和文化价值有较深的了解，且自身具备较高的审美能力，能够从众多文化元素中选择和提取特色最为鲜明、最有辨识度、最具美观性的元素，用于产品装饰，以画龙点睛的方式实现产品的文化增值。

对文物元素的解构重组是设计要求更高的装饰手法。某件展品可能有两处以上的标志性外观特征，而产品限于造型和大小无法展现全貌，仅截取部分图案亦不足以诠释展品的独特文化艺术价值。在这种情形下，充分解读文物内涵，提取其中多处特色纹样，结合产品功能和外观设计予以重组，是一种比较好的设计方法。该种设计方法还适用于根据两件以上彼此间有密切联系的展品设计的文化创意产品。比如，上海博物馆以馆藏书法名作为模本设计的服装、环保袋、文具等文创产品，许多都通过对若干件同一作者或者同一时代书法作品进行元素解构，提取标志性书体，合理重组并绘制于产品表面，充分展现中国书法或凝重浑厚、或洒脱俊逸的独特风情。

元素提取式设计方法虽然运用简单、可操作性强，但在实际设计过程中要特别注意文物原型和产品契合度的问题，一般来说，这种设计方法更多适用于装饰性较强的衣物首饰、生活用具等产品的设计，以平面化的设计方法为主。对文物的选择和对元素的提取要经过仔细考虑，一是围绕馆藏明星展品设计，易于辨识，更多展现博物馆独有特色；二是选择有较强艺术美感和视觉辨识性的展品，如主题和色彩鲜明、纹饰独特或给人以较大视觉冲击力的绘画和工艺美术作品等；三是选择展品原型要和设计产品本身的功能特点相契合，产品本身的材质、颜色和风格与文物原型接近或者一致为佳。如风格厚重而带有神秘气息的罗塞塔石碑，更适合开发硬盘、杯子、手机壳、镇纸等质地比较坚硬的产品，或是黑色的巧克力、拼图等衍生品；首饰、衣物等产品所依据的文物原型，以风格飘逸、色彩绚丽的花卉绘画或瓷器的纹样为佳。

二、功能融合式设计

功能融合式设计，是指根据产品的功能需要，将文物的文化元素或者造型形态予以简化、变形、夸张化处理，与产品的使用功能融为一体，成品符合人体工程学理论和消费者的身心需求，既可以使人自然联想到原型文物，又不会有强行拼接、生搬硬凑的斧凿之感。功能融合式设计其实也可以视为元素提取式设计的一种，属于元素的解构和重组，不同的是，一般的元素解构重组偏重于平面化设计，功能融合式设计偏重于立体形塑和整体框架结构的重新组合，且这种元素符码的转化是基于产品功能的要求，类似于有些研究者提出的"骨架式设计"方法。

文化创意产品设计三层次框架，功能融合式设计旨在满足消费者行为层面的需求，设计功能合理、操作便利、安全的产品，同时又能使人联想起原型文物。这种设计方法对设计师的创意思维有较高的要求，产品往往表现得新奇而又不落俗套。如台北故宫博物院国宝设计衍生商品设计竞赛金奖作品"乾隆皇帝的艺术品位"茶器，造型轮廓源自清乾隆年间文物"黄釉粉彩八卦如意转心套瓶"，简化轮廓曲线，滤水孔以如意云纹和八卦纹雕镂，器型简洁且有雅趣，融合古今风味，且使用便利。

三、意境传达式设计

"意境"是东方传统美学和艺术的重要审美范畴，用以形容书法绘画等艺术作品所传达的一种能使欣赏者产生感动和共鸣，却难以言表的独特韵味和境界。意境开启了审美想象空间，虚实交融、形与神会，使观者驻足，低吟徘徊于审美想象中不能自已。而西方的艺术作品风格虽偏于直白显露，然亦有内含深邃悠远意蕴的作品，现代艺术也多以简洁造型和线条传达言外之意，因此，"意境传达式"设计方法可通用于中西方博物馆文创产品的设计，要求设计师深入把握、感受、解读文物和艺术作品的审美意蕴、文化内涵，通过创意设计将之有机融入产品，使产品有效传达同样的文化意蕴，使消费者感受到类似的艺术美感。

意境传达式设计通常运用明喻、暗喻、隐喻等方式表达原作和产品的联系，含义比较隐晦。对设计师来说，运用"意境传达式"方法设计产品是难度较高的挑战，如果对原作只有走马观花式的浅层次了解，是远远不够的，容易设计出让观众"看不懂""不知所云"的产品。设计师必须具有较高的文化素质和艺术品位，必须经常"到博物馆里上上课"，在博物馆策展人、释展人和教育项目策划人等的帮助下深入学习、掌握文物背景知识和文化内涵，并具有扎实的设计功底和较强的设计技巧，方能设计出成功传达原作神韵的高品质文创产品。

四、情景复原式设计

博物馆文化创意产品设计的一个关键之处是将古代文化元素融入现代生活，让今人在不断的使用中体味古风雅韵，代入古人的生活场景，从而获得对文物更深层次的理解和认知。情景复原式设计方式正是基于这样的目标，选择能够有效衔接古今生活的文物，通过复制、微缩、放大或是改变功能、将平面文物立体化等方式，延续古老文物在现代的使用功能，有机融入当代时尚生活，令其在当下焕发出勃勃生机。

情景复原式设计主要有两种方式：第一种是在不改变文物原有功能的基础上以仿制的形式设计创意产品，产品有着和原型文物一样的外观与使用功能。消费者在实际使用产品的过程中仿佛步入了古人的生活场景。如根据古代首饰同比例复刻原型开发的珠宝饰品，或仅在材质及色彩上稍稍融入现代设计，保留文物的整体风貌，即是这种设计方法的体现。另外，博物馆文化创意产品中占比很高的生活用品一类，有许多是采用这种方式开发的。尤其是各种纹饰精美、质地精良的瓷器，特别适合开发成现代食器、茶器，延续或扩展原有的使用功能。情景复原式设计的第二种方法，即保留文物的场景原貌，改变使用功能，使之更好地融入和适应现代生活。如根据《清明上河图》开发的纸本游戏，以绘画中出现的人物和场景为基本游戏元素，融入任务设置、完成奖赏和失败惩罚等现代游戏设计元素，以生动有趣的形式，让玩家在游戏过程中通过沉浸式体验了解北宋时期的民俗风情。

五、互动体验式设计

互动体验式设计主要应用于无形文化创意产品，即各类博物馆开发的应用类和游戏类APP。互动体验式学习是博物馆学习的一贯优势，相比于单向灌输式的书本教育，博物馆以实物的形式为观众提供了多种多样的参与互动的机会。研究表明，互动体验式的学习效果远优于仅动用视觉和听觉的学习方式，对于感性思维为主、好奇心旺盛的青少年来说尤其如此。因此，除了博物馆开发的各类教育项目强调互动体验性之外，博物馆开发文化创意产品也应充分利用这一优势。

博物馆开发的实体文化创意产品中，大部分须通过消费者的亲自使用和亲身感受来发挥教育传播作用、达至愉悦身心之目的。大数据、云计算、虚拟现实等互联网技术的兴起，为博物馆开发能够提供更为生动的互动体验的无形文化创意产品提供了契机，而对这类产品的开发，主要应用的就是互动体验式的设计方法。

目前，博物馆研发的无形文化创意产品主要有两类：一类是各类导览性质的服务型应用程序（APP），如大英博物馆、大都会艺术博物馆、卢浮宫等都拥有多个导览 APP，实时提供精选展品和参观路线推荐；另一类是大量出现的旨在传播博物馆展品文化，以生动趣味的形式展现的游戏类、互动类应用程序。本书所讨论的主要指后一类含有互动游戏元素的 APP，如故宫博物院开发的"韩熙载夜宴图""皇帝的一天""胤禛美人图"等 APP，均收获广泛好评和高下载量。这类 APP 的设计初衷，即是通过让使用者在充满乐趣的互动体验中了解和体会传统文化知识。

以"皇帝的一天"为例，作为一款儿童游戏类 APP，有效结合了儿童的认知心理、兴趣点和知识点，通过引导儿童"游览"养心殿、御花园等故宫建筑，有序触发、推进各类情节，并设计一系列以宫廷文化为核心的小游戏，让孩子们了解古代皇帝的生活起居、工作娱乐和故宫传统文化。

第四节　博物馆文化创意产品营销策略

一、博物馆营销文化创意产品的市场定位策略

博物馆开发文化创意产品及围绕产品开展的一系列营销活动，其核心与关键服务对象是"人"，即博物馆文化创意产品的既有和潜在消费者，而这部分消费者和博物馆的观众群高度重合。因此，针对博物馆文化创意产品的市场营销，很大程度上也是博物馆自身的营销。如何制定完善的营销方案，精准定位目标客户，吸引、维持旧有消费群体并开拓新的市场，是博物馆营销文化创意产品首先需要思考的问题。

（一）博物馆开拓产品市场方案

与一般的市场营销策略相仿，博物馆营销文化创意产品可从以下四个市场开拓方案着手：大众营销（mass marketing）、小众营销（niche marketing）、细分市场营销（segmentation marketing）和个体营销（segment-of-one marketing）。

大众营销方案不加区别地假定每个人都是博物馆产品的潜在消费者，忽略消费者行为和偏好的差异，采取一致的促销和宣传方式进行广泛营销。其缺点在于，由于无法精准定位顾客市场和特定消费群体，可能造成资源浪费，且效果难以预测。

小众营销方案有的放矢地聚焦于对博物馆感兴趣的小众群体，调查、分析他们的社会背景和性格偏好，并据此开发产品、布置展览，以求获得最好的营销效果。细分市场营销方案假定市场是由具有不断变化的行为和偏好的不同群体组成，博物馆识别那些它们试图去争取的群体，并为目标细分市场制定不同的计划，可以覆盖多个分市场。

细分市场营销方案是指博物馆努力寻求对每位消费者的多方位了解，来为其提供更好的服务，通过建立详尽数据库的方式，进行定制营销（customized marketing），为不同的会员量身定制不同的产品和体验。

小众营销、细分市场营销和个体营销都有其显著优点。营销者能够对产品进行更好的调整以满足目标消费者的要求，还可以针对每一个目标细分市场调适它们的价格、流通渠道和营销组合（promotional mix）。大型博物馆能够综合使用不同的营销方案，来获取特定的市场和消费者，而不是使用一种"机关枪"（shotgun）式的营销方案去吸引所有的潜在消费者。对于中小型、专题性博物馆而言，小众营销和个体营销是更为有效的营销方式，通过建立观众练习册的方式，获得博物馆忠实观众群的基本资料，给予其特殊待遇和定制

服务，维持并扩大这一小众市场。

（二）博物馆细分产品市场的变量和方法

博物馆采用细分产品市场策略，需要引进不同的变量，并考察哪些变量最有利于博物馆把握市场机遇。细分产品市场所使用的主要变量有四类：地理变量、人口统计变量、心理变量、行为变量。

地理变量：根据地理变量，可以将博物馆文化产品所面对的市场群体分为当地参观者、短途参观者、国内长途参观者和国外参观者。博物馆设想来自不同地域的参观者会寻求不同的产品，有不同的需求。据此，博物馆就可以开发不同项目以吸引来自不同地域的参观者。

人口统计变量：根据年龄、性别、经济能力、教育背景、工作、民族等人口统计学数据，博物馆将市场细分为不同群体，进行相应的市场分析。该变量是细分产品市场的常用指标，原因一是消费者的需求、偏好以及产品使用率与该变量联系紧密；二是较之多数其他变量，人口统计数据较易获取并测量。

心理变量：即便是处于同一人文环境中的消费者群体，也可能会有不同的心理构成（psychographic profiles）。因此，博物馆可以根据社会阶层、生活方式、个性特点等，把潜在的消费者分成不同的群体。来自不同社会阶层的群体，其兴趣、偏好、习惯和消费观念可能迥异，且这些变量不会轻易变化，具有一定的持续性，但即使在一个社会阶层中，消费者也有不同的生活方式，如对于室内或室外活动的偏好，对于艺术的兴趣等方面有所不同。博物馆市场研究者通过考察人们的活动类型、兴趣爱好、观点态度，聚集类似群体，进行分析和定位。消费者也会表现出不同的个性特点，如支配、依赖、外向、内向等。博物馆市场营销人员运用个性变量来细分产品市场，赋予其产品以品牌个性（brand personalities）或设计出特定的品牌形象（brand images），来适应消费者个性或自我形象。

行为变量：博物馆根据消费者对所购买产品和服务的使用频率、态度和熟悉程度等行为变量来区隔市场，包括购买时机、追求利益和使用者状况等子变量。根据购买时机的不同，消费者可以被划分为若干群体。亲子家庭通常将参观博物馆视为家庭集体休闲娱乐活动，倾向于随机购买具有教育意义的特色文创产品；艺术爱好者可能由于一个特别的展览或项目被宣传而去参观，倾向于购买特展衍生品；有些人去博物馆是为了寻找沉思冥想和激发灵感的私人安静空间，没有强烈的购物动机；外地游客为了解和欣赏当地传统文化和风俗参观博物馆，倾向于购买具有地区文化特质的产品。以"追求利益"来划分消费者群体，也可区分出各种不同的情况。成人的休闲活动有六个动机或者主要追求利益：与人群在一起、做点有价值的事、找个舒服的环境、接受新经验的挑战、寻找学习的机会、获取主动参与感。观众不同的追求利益将导致他们对参观博物馆的不同诉求，以及购买产品的不同需求的产生。研究发现，经常参观博物馆并购买文化产品的群体，普遍更为重视"做点有价值的事""接受新经验的挑战""寻找学习的机会"等利益诉求。相比之下，重视"与人群在一起""找个舒服的环境""获取主动参与感"等利益诉求的人群，更愿意选择运动、郊游和棋牌等活动。根据"使用者状况"子变量，消费者在购买行为上可以分为：博物馆产品或服务的未使用者（nonvisitors）、曾经使用者（ex. visitors）、潜在使用者（potential users）和首次使用者（first-time users），也可划分为轻度使用者（light users）、中度使用者（medium users）和重度使用者（heavy users）。重度使用者在消费群体中可能仅占有很小的比例，但他们的消费量在消费总量中的比例却相当可观。营销人员试图识别这些不同使用者群体的人口统计特点、心理特点和媒体消费习惯。

如果了解消费者（顾客、参观者、使用者）并为之服务是博物馆市场营销的核心，那么营销策划的基本要素之一，就是在一个博物馆制定市场战略的过程中，充分应用市场细分、目标市场选择和市场定位原则。博物馆要建立它的观众群和文化产品消费群，就必须识别那些对博物馆产品感兴趣的个人和群体，以及那些既可能存在潜在兴趣，又能够被博物馆的营销策略有效影响的群体。在第二阶段，博物馆必须决定将重点放在哪些细分市场，既发掘新观众又维持既有观众。如同其他组织一样，博物馆不可能成为所有人的唯一选择，如果它们试图向每一个群体都推销自己，将会导致资源浪费。一旦确认了观众细分市场，博物馆就能够设计出统一的形象和一系列产品来吸引它的目标观众，并使博物馆在应对竞争者时从中受益。

（三）博物馆定位产品市场的步骤

博物馆定位产品市场可以按照市场调研、市场分析和市场评估三个步骤来进行。

为了获取外部的数据信息，首先需要采用市场调研的方法有效挖掘关于用户和潜在用户特性的信息。市场调研是一项专业化程度较高、细节性较强的工作。博物馆可以聘请经验丰富的专业公司为其搜集市场信息和分析结果，也可以开展较简单的内部市场调研。博物馆通过精心规划，获得充足的信息，便能绘制出更加细化的市场蓝图。定期开展问卷调查可以帮助确认博物馆观众的变化趋势，并解释为什么有些人不来博物馆。市场调研的信息来源多种多样，包括出版物、未公开的报告、观众人数统计数据、对观众在博物馆行为中的观察所得、问卷调查、内部问卷、观众和潜在观众的访谈记录、团体预订信息、留言簿意见、博物馆网站意见、社交网络评论等。

通过市场调研收集到充分的信息后，博物馆市场营销部门会对这些信息和数据进一步分析与研究。在这个过程中，可能会参考其他的信息来源，如中央和地方政府统计的家庭文化服务或文化产品消费数据、市场类刊物提供的关于不同群体的兴趣和态度等信息、地方贸易组织和商人掌握的本地市场信息、学术刊物提供的博物馆案例方面的研究材料、咨询公司关于博物馆未来发展的报告等。博物馆需要将自己希望占有的或实际已经占有的市场份额和其他博物馆进行比较，并与之前年度进行纵向比较，分析各种优势和劣势、面临的挑战及可能的机会，更好明确博物馆该如何在供应和需求这两个方面适应整体市场。

最后，博物馆需要对市场进行评估，以此精准定位客户群体，确定博物馆所需提供的产品和服务。同时，博物馆需要冷静思考目前或规划的情况，检查自身用户产品服务和体验的范围与质量。待市场评估人员将结果反馈给博物馆上层和市场营销部门后，将有力促进产品的开发更新与市场开拓。

二、博物馆营销文化创意产品的品牌推广策略

博物馆的整体品牌形象和宣传推广对文化创意产品的营销具有不容忽视的关键作用。博物馆品牌定位（positioning）是指设计博物馆的形象、价值和产品的行为，凸显其不同于其他博物馆和休闲、教育机构等竞争者的独特之处，为消费者所了解和欣赏。博物馆能否精准定位并树立有效的品牌形象，依赖于它对自身优势、弱势、特色产品和市场环境的准确分析。每一家博物馆都应该致力于在公众的心目中建立品牌身份，从而使其显著特点清晰化，不会混同于其他博物馆和休闲活动组织。

博物馆树立品牌形象主要采用三种定位战略：属性定位（Attribute positioning），如"参观率最高的博物馆""拥有最古老艺术品的博物馆"等；利益定位（Benefit positioning），如"提供互动参与的博物馆""提供安静的沉思环境的博物馆""有趣且能学习知识的博物馆"等；使用者定位（User positioning），如"儿童博物馆""社区博物馆"等。越来越多的博物馆通过提供差异化元素来显得与众不同，从而确立自身形象，如服务差异化（service differentiation，提供高质量的餐饮、购物和便利设施）、人员差异化（personnel differentiation，拥有专业、细心、热忱的服务团队）、技术差异化（technological differentiation，充分利用虚拟互动展示技术）等。正面且富有吸引力的博物馆品牌形象可以从知名度和偏好度两个方面来衡量。博物馆开展针对目标市场群体的调查，请接受调查的人员评价其对博物馆的了解程度（从"完全不了解"到"非常了解"进行打分），如果多数被调查者选择"完全不了解"或"有一点了解"，则说明博物馆在知名度上存在显著的意识问题（awareness problem）；对于选择了解博物馆的群体，请其评价对博物馆产品的感受（从"非常不喜欢"到"非常喜欢"进行打分），如果多数被调查者选择"非常不喜欢"或者"无所谓"，则说明博物馆面临着非常严重的形象问题（image problem）。博物馆开发优质的文化创意产品，并采取有效的营销策略，可以极大地提高博物馆知名度，并树立博物馆的正面形象。

一个组织的品牌形象是经由大量的消费者研究才创造出来的传播和推广工具，以商标等视觉符号的形式传达一目了然的直观信息来吸引注意力，形象信息必须是简单直接、引人注目、充满活力且令人难以忘怀的。这种品牌形象一旦被确立，伴随而来的将是消费者们对其一系列积极的想象，如质量、可靠性、信任度和对品质的期待等。博物馆通过文化创意产品的流通，使商标在购物袋、产品表面、礼品店设计、宣传册、会员卡、信封信纸及其他有关材料上频繁出现，可以使该博物馆品牌形象得到广泛传播。更多的情况下，通过广告和直接营销等付费推广方式，以及公共关系经营等免费推广方式，能够更为有效地树立博物馆品牌形象，从而推动文化创意产品的销售。

（一）广告营销

作为一种主要的付费推广工具，博物馆发布的广告主要分为常规性广告（博物馆形象的长期营造）、临时产品广告（特别展览或特别藏品的推广）、分类广告（特定事件信息的发布）和促销广告（新的会员制启动宣传等）几类。广告的缺点在于：虽然可以迅速将信息传播给许多人，但无法确保其效果停留于这些人脑海中；目标不够明确，缺少与人直接交流具有的说服力；单线传播的方式缺少反馈和回应；费用较高但实际效果难以评估等。因此，虽然发布广告是商业组织通用的营销方式，但资金有限的博物馆无法将之作为唯一或是首选的推广工具。

一项卓有成效的广告项目的开发运作，包括设定广告目标、决定广告预算、设计广告信息、选择广告媒介、约定发布时间、评估广告成效几个步骤。

运作广告项目的第一步是设定广告目标，即确定目标受众（谁是广告希望覆盖的人）、精准定位市场（博物馆能提供怎样的独到价值和竞争力）、预计反响（期望广告得到怎样的观众反应）、确定运营周期（实现广告目标需要的时间有多少）。

在设计广告信息步骤时，根据巴德（Bud Schulberg）的观点，主要的广告信息要素包括：开端强势、有震撼力、主题聚焦、语言简洁明确、制造画面感、结尾戏剧化、具有创造力和眼球效应。博物馆广告信息主要有六个类型：生活场景式广告信息旨在展现博物馆提供给观众的体验，可以呈现亲子家庭共同参观的画面；生活格调式广告旨在突出参观博物馆作为提升生活品位的价值，可以表现衣着优雅、三五成群的年轻人共同欣赏艺术品的场面；虚拟想象式广告信息旨在为博物馆展览营造神秘气氛或想象空间，如号召观众前来"体验置身于史前恐龙时代的氛围"；情绪印象式广告信息旨在唤起观众心中某种情绪或者意象，如植物园发布情侣携手在花园中漫步遐想画面的广告；专家点评式广告信息直接由博物馆专家、研究人员评论展览和藏品的特点、价值；证书奖状式广告信息通过表现较高的信任感、好评度和来自专家视角的肯定，来推介博物馆提供的展览和服务。

广告的效果受到选择发布媒体的极大影响,博物馆必须考虑选择最为有效的媒体。做出这一决定,首先需要研究目标观众的媒体习惯,如以老年观众为主的博物馆,选择报纸发布广告可能取得较好的效果,但这显然不适用于青年观众;其次需要从覆盖面、发布频率和影响力上比较不同媒介的优劣,如艺术类博物馆在高端时尚和商务杂志上发布广告,效果显然会优于以市民新闻和娱乐八卦类信息为主的报刊,最后预算也是需要考虑的问题,在电视节目上发布广告价格不菲,电台和杂志次之,而报纸广告价格相对低廉,博物馆需要量入为出,综合衡量。

广告的发布时间也会影响到实际效果。如果一家博物馆目前没有新展览,那么只需要发布一些常规性广告来维持公众印象,可采用持续型广告方案,但当一项展览即将开幕之际,其广告就会变得复杂而多元起来,因为博物馆希望在展览初期吸引大批观众,占据标题,产生口碑效应,集中于同一时间段连续发布的爆炸型广告方案适用于这类情况。如果博物馆已经到了门庭若市、人满为患的程度,博物馆经营者就会缩减广告开支。间歇型广告方案,即重要展览时采用爆炸型广告方案,其他时间使用持续型广告方案,易于在公众心中留下深刻印象,因而为越来越多的博物馆所采用。

广告效果评估经常被博物馆所忽略,其实亦是广告营销策略实施中不可缺少的一个环节,包括测试文本内容、测试媒体和测试投入产出的比例。在广告文案的事前测试(copy pretesting)中,应评估广告文案在吸引力(attention)、理解力(comprehension strength)、跟随力(follow-through strength)、认知性(cognitive strength)、有效性(effective strength)和行动力(behavior strength)等诸多指标项目上的得分,从而确保广告的播出能够有效激发购买行为。广告播出后,进行信息和媒体的事后测试,测试传播目标是否实现及销售影响,从而评估预期的广告效果是否达到。

(二)直接营销

博物馆是直接营销的主要使用者。相较于其他形式的销售,直接营销具有选择潜在受众、个性化定制信息、建立客户关系、灵活安排时间、有效吸引注意力等优势。直接营销主要包括直接发送邮件和电话营销两种方式。

直接发送邮件是博物馆保持现有消费者、会员和招募新会员的工具。根据美国进行的一项调查,直接发送邮件在使用效果上超过了其他所有营销方式,名列其后的分别是付费广告、免费推广、电话营销、海报传单等。在所有营销方式中,直接发送邮件更有针对性,且人们一般会更加关注针对自己的信息。直接发送邮件人员需要分析博物馆观众的特点,确定那些最有可能参观博物馆和在商店消费的人群。博物馆从自己建立的观众联系名册,以及和其他文化组织交换或从经纪人处购得的名单中,筛选出潜在顾客的信息,进行测试性发送邮件,并予以评估有效性。

直接发送邮件能给各群体传达详细信息,但不能传达每个个体可能需要的精准信息,也无法获取即时反馈。电话营销可以弥补这一不足。电话销售人员用简洁而富有吸引力的语言描述博物馆产品的特点、潜在利益,并解答回应者关心的问题。不管电话营销的结果如何,紧随其后邮寄推销信件都是必要的,因为电话营销往往具有延迟效应,通常,人们并不能在电话中迅速做出决定。信件应该在通过电话联系后尽快寄出,内容应包括感谢买家接受电话拜访,并强调所提供的最重要部分和最主要利益。综合运用多种直接营销方式也被证明效果颇佳,多种传播途径、多层次的营销可以达到单一营销无法企及的效果。如采用"带有回应机制的有偿广告—直接发送邮件—电话营销—不间断的联系"的综合营销方式,便于客户持续受到信息认知与冲击,加深印象,最终做出回应。

(三) 公共关系经营

根据《营销人员公共关系指南》(The Marketer's Guide to Public Relations),公关是规划、执行并评估一种特定活动的过程,此种活动的主要目的是通过良好的沟通,为客户提供关于机构及其产品的可靠资讯与印象,并能满足客户需求、期望、关注点与兴趣,借此鼓励消费并提升顾客满意度,主要包括能够增加机构获利的非广告媒体活动。根据博物馆伦理,博物馆公关活动可以是积极主动或被动反应的。积极主动的公关活动会影响公众对博物馆的认知,博物馆借此营造正面形象,宣传推广展览和藏品文化。

博物馆公关活动大致分为创造形象、产品宣传、财务公开和内部公关四种类型,以各种不同方式提供有关博物馆与其服务的信息。经营公共关系的主要工具有事件、社区关系、媒体关系、新闻报道、公益广告、采访、演讲和宣传册等。博物馆的所有公关计划必须包含能够帮助博物馆达到目标的策略在内。博物馆公关活动的主要步骤包括:识别与博物馆相关的群体,评估博物馆形象,针对关键市场制定形象营造目标,评估各种策略的成本与效益,为危机公关做准备,选择特定的公关工具,执行行动并评估效果。博物馆的公关人员应该跟社区中有影响的专栏作家、评论员与编辑经常保持联系以建立关系,让他们及时了解博物馆的活动和成果,培养和媒体把关人的长期友好关系,确保博物馆相关新闻稿件的及时发布以及媒体报道的持续性和积极性。

对博物馆来说,公共关系经营和市场营销在职能上是互补的,大型博物馆亦多设有专业的公共关系部门。公共关系通过它所产生的吸引力、显著性及新闻报道,形成了有利于博物馆营销的条件、氛围和环境。公共关系比广告具有更强的可信度,因为它看起来像是新闻,而不像是倡议性的付费信息。公共关系可以通过信息强化、合法主张以及深度报道,来对广告进行补充,具有很强的编剧潜能,可以通过宣传一个显著事迹来吸引关注。

公共关系成本仅为广告成本的一小部分,如果博物馆发掘出一个有趣的报道,就有可能被所有的新闻媒体转载,从而获得大面积的传播效应。由于多数博物馆的预算不及商业组织那样充裕,因此公共关系经营应是其品牌推广策略中的主要组成部分。

参考文献

[1] 辛亚勤,张玉静. 博物馆管理与藏品保护研究 [M]. 北京:中国华侨出版社,2023.03.

[2] 高大石. 博物馆合规管理指南 [M]. 沈阳:辽宁人民出版社,2023.03.

[3] 任彬,刘芬,枣林. 博物馆陈列展览与文物保护研究 [M]. 长春:吉林文史出版社,2023.10.

[4] 王月芳. 博物馆商标权保护与品牌授权 [M]. 北京:知识产权出版社,2023.01.

[5] 王俊卿,徐佳艺,聂婷华. 数字化时代博物馆核心竞争力重构 [M]. 合肥:中国科学技术大学出版社,2023.04.

[6] 邹一了,孙嘉安,丁峰. 新思维·高等院校应用本科设计类专业教材博物馆展示设计 [M]. 上海:上海人民美术出版社,2023.01.

[7] 黎洪伟. 新时代名人故居的智慧与力量中国博物馆协会名人故居专业委员会2022年年会论文集 [M]. 上海:上海人民出版社,2023.08.

[8] 张嵘. 博物馆管理与数字化建设应用研究 [M]. 济南:山东大学出版社,2022.06.

[9] 盖巍,刘平平. 文物保护管理与博物馆展览研究 [M]. 湘潭:湘潭大学出版社,2022.12.

[10] 刘双吉,杨永忠. 中国创意管理前沿研究系列博物馆体验价值研究基于参观者动机视角 [M]. 北京:经济管理出版社,2022.11.

[11] 段勇. 当代中国博物馆 [M]. 南京:江苏凤凰文艺出版社,2022.02.

[12] 宋朝丽. 博物馆资源开发初始产权管理 [M]. 北京:知识产权出版社,2021.06.

[13] 刘绍坚,白杰. 网络数字时代的博物馆 [M]. 北京:北京联合出版有限责任公司,2021.12.

[14] 李承宽,夏爱梅. 博物馆藏品保护与文化传播 [M]. 哈尔滨:黑龙江北方文艺出版社,2021.09.

[15] 赵祥全. 现代博物馆管理的创新策略研究 [M]. 天津:天津科学技术出版社,2020.07.

[16] 白焱. 博物馆科学管理研究 [M]. 延吉:延边大学出版社,2020.

[17] 孟中元. 博物馆科学管理与信息技术应用 [M]. 西安:西北大学出版社,2020.03.

[18] 李腾巍，王法东，梁俊. 文物博物馆数字资源的管理与展示［M］. 延吉：延边大学出版社，2020.

[19] 任宇娇. 博物馆教育活动理论与实践［M］. 长春：吉林人民出版社，2020.08.

[20] 王波. 企业博物馆3.0［M］. 南京：江苏人民出版社，2020.05.

[21] 崔卉. 博物馆教育项目的策划与实施［M］. 哈尔滨：哈尔滨出版社，2020.07.

[22] 张昱. 中国博物馆职业资格认证制度研究［M］. 上海：上海社会科学院出版社，2020.09.

[23] 陈红京. 博物馆藏品数字化管理十讲［M］. 上海：上海交通大学出版社，2019.10.

[24] 牛志文，黄鹤，米瑞霞. 现代博物馆陈设与博物馆发展［M］. 北京：中国商务出版社，2019.06.

[25] 宋娴. 博物馆与学校的合作机制研究［M］. 上海：复旦大学出版社，2019.04.

[26] 王迎新. 文化旅游管理研究［M］. 北京：现代出版社，2019.05.

[27] 李喆，刘华. 品牌管理与营销［M］. 北京：中国纺织出版社，2019.09.

[28] 石群勇，龙晓飞. 文化自觉与民族记忆民族地区民间博物馆生存现状及发展研究［M］. 北京：民族出版社，2018.12.

[29] 邢致远. 博物馆公共文化服务标准化研究［M］. 南京：南京出版社，2018.09.

[30] 王婷. 博物馆教育项目的策划与实施［M］. 北京：国家行政学院出版社，2018.09.

[31] 潘力，刘剑平. 文博创造力高校博物馆理论与实践［M］. 北京：中国传媒大学出版社，2018.11.